Dieses Buch ist meinem geliebten Vater gewidmet, den ich in den letzten Tagen seines Lebens begleiten durfte. Wir haben sowohl zu Hause als auch im Krankenhaus schwere, aber auch sehr intensive und hochemotionale Stunden miteinander verbracht. Der erste Teil meines Buches handelt von der Sterbebegleitung und davon, wie es mir in den ersten Wochen nach dem Tod meines Vaters ergangen ist. Im zweiten Teil biete ich fachliche Informationen und praktische Hilfestellungen zum Thema Sterbe- und Trauerbewältigung an.

Marion Deike

Die Weichen
sind gestellt

Sterbebegleitung meines Vaters – ein
bewegender Abschied

© 2021 Marion Deike

Herstellung und Verlag: BoD- Books on Demand,
Norderstedt

ISBN: 9783753421568

FSC
www.fsc.org

MIX
Papier aus verantwortungsvollen Quellen
Paper from responsible sources
FSC® C105338

Danksagung

Ich möchte mich bei allen bedanken, die mich bei der Umsetzung dieses Buches unterstützt haben. Ganz besonders bei Maria Brand für das Lektorat und bei Johannes Reinke für das Formatieren und alle weiteren Arbeiten bei der Veröffentlichung des Buches. Vielen Dank an Christian Burghardt für das Coverfoto und Friederike Bavendiek für die Erstellung der Collage auf der Rückseite des Buches. Ein ganz herzlicher Dank an meine Mutter für ihre Einwilligung in dieses Buchprojekt!

Inhaltsverzeichnis

Die Weichen sind gestellt

Der Tod eines Menschen hat seine eigenen Regeln,
folgt einem gewissen Rhythmus,
hat seine ganz bestimmte Zeit.
Der Tod denkt nicht daran,
auf unsere Befindlichkeiten und Bedürfnisse
zu achten oder gar Rücksicht zu nehmen
auf unser zartes Gemüt.
Der Sensenmann stürzt sich auf den Rest,
der vom Leben übrig geblieben ist
und nimmt sich von dem Wenigen, was noch vorhanden ist
immer mehr.
Bis nichts mehr da ist,
was er an sich reißen kann,
bis das Leben ausgehaucht ist
und das Herz stillsteht.
Das Sterben kann verstörend und gnadenlos erscheinen.
Doch manchmal, wenn man schon nicht mehr daran glaubt,
lugt das Leben immer mal wieder
durch einen winzigen Spalt
und lässt ein wenig Licht hineinschimmern
in diese trostlose, leere Dunkelheit.
Das sind schöne Momente,
an die man später,
wenn alles vorbei ist,
immer wieder gern zurückdenkt,
weil diese Erinnerungen bereichern
und einem die Gewissheit schenken,
dass es auch noch gute, klare, berührende Momente gab.
Augenblicke, die sanft, leise, suchend und zärtlich sind
und Verbindung schaffen
zwischen Leben und Vergänglichkeit,
zwischen dem was ist, was war
und was sein wird …
Ein kleiner Lichtblick in dieser düsteren Zeit.

Zeichen der Liebe, der Verständigung und der Verbundenheit.
Alles, was bleibt und bewahrt werden muss,
wenn der Mensch aufgehört hat physisch zu existieren
und nicht mehr bei uns sein kann.
Teil unseres Lebens bleibt dieser Mensch,
solange wir uns an ihn erinnern,
lebendig in unseren Gedanken und Worten,
integriert und einverleibt in unser wahrhaftiges Sein.

Du bist ein fester Bestandteil
von dem, was ich bin
und durch Dein Zutun geformt wurde.
Dein Vermächtnis an mich ist all das,
was Du mich gelehrt, mir gezeigt und mir vorgelebt hast.
Es kann nicht verloren gehen,
weil es in mir angelegt ist und weiterlebt.
Du bleibst in uns verewigt,
solange wir leben.
Das ist eine tröstliche Gewissheit, auf die ich vertraue.

Vorwort

Der langsame und bewusst erlebte Sterbeprozess infolge einer schweren Erkrankung ist nichts für schwache Nerven! Die Sterbephase kann ohne eine begleitende Palliativmedizin sehr belastend sein. Nicht umsonst wurde die Hospizbewegung ins Leben gerufen, um unheilbar kranken Menschen einen möglichst würdevollen und schmerzfreien Tod zu bereiten. Aber unsere Gesellschaft blendet das Thema Sterben gern aus. Wir scheinen zu glauben, dass wir den Tod aufhalten können, wenn wir nicht darüber nachdenken, nicht darüber sprechen und versäumen, die dringend notwendige medizinische und soziale Versorgung zu veranlassen. „Machen wir uns Gedanken, wenn es so weit ist", sagen sich viele Betroffene. Doch was passiert, wenn es von einem auf den anderen Tag so weit ist? So traurig und schmerzlich es auch sein mag: Aber man muss den Tod enttabuisieren und der Wahrheit ins Gesicht sehen. Sich nicht nur innerlich darauf einstellen, sondern auch rechtzeitig Wissen darüber aneignen, was beim Sterbevorgang passiert.

Laut Umfragen wollen ca. 70 Prozent aller Menschen am liebsten zu Hause sterben. In Wirklichkeit versterben 75 Prozent im Krankenhaus oder in einer Pflegeeinrichtung, ein Prozent macht dabei ein Hospiz aus. Lediglich 20 Prozent verbringen ihre letzten Lebenstage tatsächlich in den eigenen vier Wänden.

Ungefähr 80 Prozent aller Menschen erleben einen mal kürzeren, mal längeren Krankheitsverlauf mit tödlichem Ausgang. Die Vorstellung, abends friedlich einzuschlafen und morgens nicht mehr aufzuwachen, ist ein frommer Wunsch, der sich nur für einen Bruchteil erfüllt. Wie ist das Sterben eines nahen Angehörigen wirklich? Wie hat sich der tödliche Krankheitsverlauf im Fall meines schwer kranken Vaters abgezeichnet? Was kann ich als betroffene Tochter zum Thema Sterbebegleitung beitragen? Das Buch bietet Antworten.

Ich hätte mir niemals vorstellen können, wie hilflos man sich fühlt, wenn sich der Gesundheitszustand des Angehörigen plötzlich dramatisch verschlechtert und Krankheitssymptome auftreten, die bereits auf den bevorstehenden Tod hinweisen. Man kommt ins Rotieren, ist erschrocken und fühlt sich überfordert, und das ist etwas, das der schwer kranke Angehörige überhaupt nicht gebrauchen kann. Angst, Unsicherheit und Überlastung entstehen vor allem dadurch, dass man nicht weiß, was die unterschiedlichen Symptome zu bedeuten haben und wie man sie lindert. Leider wird man im Vorfeld auch selten darüber aufgeklärt, sofern man sich nicht rechtzeitig um eine umfassende Palliativversorgung gekümmert hat. In Wirklichkeit ist der herannahende Tod kein Mysterium. Man muss nur wissen, wie man ihm begegnen muss.

Auch ich habe zu spät damit begonnen, mich entsprechend mit Informationen zu versorgen, weil ich nicht glauben konnte, dass wir schon an diesem Punkt angelangt sind. Ich dachte, dass Papa sich noch Zeit lässt mit dem Sterben. Dass wir irgendwann in der Zukunft von seinem Hausarzt oder einem Facharzt darauf hingewiesen werden, dass er voraussichtlich in den nächsten zwei, drei Monaten sterben wird. Ich war überzeugt davon, dass sich der Tod früh genug ankündigt, sodass uns noch reichlich Zeit bleibt, um uns darauf vorzubereiten – mit allen Maßnahmen, die hierfür notwendig sind. Das war ein Trugschluss, im Rückblick betrachtet sogar ein äußerst naiver Gedanke. Niemand kann genau vorhersagen, wann der Tod eintreten wird, es sei denn, es sind bereits deutliche Todeszeichen festzustellen. Bei meinem Vater ging alles viel schneller als erwartet. Wir wurden von den Ereignissen nahezu überrollt.

Mir ist es wichtig, die Dinge schonungslos beim Namen zu nennen. Ich habe nichts beschönigt oder ausgelassen (es sei denn aus Pietätsgründen). Ein näher rückender Tod kann drastische Formen annehmen. Auch drastische Gefühle können sich einstellen. Manche davon mögen ungerecht und überzogen wirken. Aber ich muss dazu stehen, wenn ich dem Thema Sterbebegleitung gerecht werden will. Ich war sehr enttäuscht darüber, wie wir im Krankenhaus behandelt worden sind, und ich empfand Scham und Wut über meine eigene Unfähigkeit. Auf der Krankenstation war ich sogar ein wenig grantig auf Papa, weil es mir nicht gelungen ist, ihn zu beruhigen. Meine Nerven lagen blank! Eine existenzielle Krise enthemmt und lässt einen gleichzeitig über sich hinauswachsen. Sie fördert das Beste und das Schlechteste in einem Menschen zutage. Auch davon handelt dieses Buch.

1. Gut, dass du da bist

Es ist kurz vor Feierabend. Ich sitze am Schreibtisch in unserem Büro und sortiere Papiere, als das Telefon klingelt. Mein älterer Bruder ist am Apparat. „Papa geht es nicht gut, ich mache mir Sorgen", sagt er. Der Umstand, dass Papa sehr krank ist und sich von Zeit zu Zeit eine Verschlechterung seines Gesundheitszustands einstellt, von der er sich anschließend wieder erholt, ist nichts Neues. Diese Berg- und Talfahrt machen wir seit etwa einem Jahr durch. Wir haben uns daran gewöhnt und leben damit. Unser Vater hat eine Vielzahl an Gesundheitsstörungen, aber keine davon wird als ein lebensbedrohliches Problem gewertet, das sehr wahrscheinlich in Kürze zum Tod führen wird. Es handelt sich um folgende Beeinträchtigungen: leichte bis mittelschwere Einschränkungen seiner kognitiven Fähigkeiten, besonders was das Kurzzeitgedächtnis und den Orientierungssinn betrifft, Reizdarm, vergrößerte Prostata, ständiger Harndrang, extremer Schlafmangel, starke, unerklärliche Gewichtsabnahme, Herzinsuffizienz, Niereninsuffizienz, Vorhofflimmern, erst zu hoher Blutdruck, dann zu niedriger Blutdruck und neuerdings sind auch noch zu viele weiße Blutkörperchen vorhanden und dementsprechend leidet er unter Anämie.

Papa wird im Sommer an der Prostata operiert und einem ausführlichen Gesundheitscheck unterzogen. Der Verdacht auf Krebs steht im Raum, wird aber nie bestätigt. Doch jetzt spricht mein Bruder davon, dass Papa immer kraftloser wird, sich schlecht auf den Beinen halten kann und sich kaum noch an Gesprächen beteiligt. Unser Vater sei ständig abwesend und habe offenbar jeden Lebenswillen verloren. Das klingt in der Tat sehr besorgniserregend.

Als ich letztes Wochenende bei meinen Eltern war, wirkte er so munter und gutgelaunt. Als ich zu Tante Ursel (Papas Schwester) aufbrach, um ihr einen Besuch abzustatten, sagte er allerdings: „Aber bleib nicht so lange, wir wollen uns doch auch noch unterhalten." Papa war so aufnahmefähig, konzentriert und interessiert an seiner Umgebung wie schon lange nicht mehr. Und er wünschte sich offenbar, noch ein wenig mehr Zeit mit mir zu verbringen. Ahnte er bereits, dass uns nicht mehr viel Zeit miteinander bleibt? Man liest immer wieder, dass viele Sterbende kurz vor ihrem Tod noch einmal so richtig aufleben und noch erstaunlich gute Momente haben, aber dass sie gleichzeitig auch spüren, dass die Kräfte deutlich nachlassen. Das war anscheinend auch bei Papa der Fall. Aber ich ahnte in dem Augenblick nicht, dass sich seine gesundheitliche Lage in so kurzer Zeit so dramatisch verschlechtern würde. Ganz im Gegenteil. Ich dachte frohen Mutes: Es geht wieder bergauf!

Aber nun reißt mich der Anruf meines Bruders aus dieser Hoffnung. Nein! Es geht nicht bergauf. Es geht rasant bergab. Doch wie schlecht es wirklich um Papa bestellt ist – davon mache ich mir zu dem Zeitpunkt noch keine Vorstellung. Mein Bruder bittet mich darum, am Wochenende zu kommen. Er wohnt mit seiner Frau seit über einem halben Jahr mit bei meinen Eltern im Haus und fährt in der Nacht von Freitag auf Samstag nach Österreich zum Skifahren. Mama und Papa sollen nicht sich selbst überlassen bleiben. Natürlich nicht! Ich fahre Samstagmorgen nach Hause.

Informiere meinen Chef über diese Notwendigkeit, denn eigentlich muss ich am Wochenende an beiden Tagen arbeiten. Es nützt nichts: Familie geht vor!

Papa sitzt in seinem Lieblingssessel im Wohnzimmer. Ich begrüße ihn wie immer mit einem Kuss auf die Wange und setze mich zu ihm. „Gut, dass du da bist!", sagt er. Dieser Satz berührt mich sehr. Mir wird zwar nicht sofort die tiefe Bedeutung und Tragweite dieser Aussage bewusst, aber ich begreife, dass Papa auf mich gewartet hat. Er spürt, dass er immer schwächer wird und ihm ist es sicher auch wichtig, dass Mama Unterstützung hat. Sie schafft es nicht mehr allein, denn nach einem Dreivierteljahr zunehmender Pflege stößt sie auch an ihre Grenzen.

„Na, Papa, wie sieht es aus?", frage ich ihn. Er sieht flüchtig auf, lässt den Kopf dann sinken und sagt mit leerem Gesichtsausdruck: „Marion, ich hab keinen Bock mehr!" Ich kann ihm ansehen und anmerken, wie bitterernst es ihm mit dieser Aussage ist. Papa ist achtzig Jahre alt und unheilbar krank. Er hat die Faxen dicke und würde am liebsten auf der Stelle abtreten. Zweifellos steckt dieser sehnliche Wunsch hinter seiner saloppen Bemerkung – das fühle ich. Aus dem Grund gehe ich nicht dagegen an, so wie sonst immer. Das heißt, ich sage nicht „Ach, warte mal ab, Papa, bis der Frühling kommt, dann kannst du mit Mama wieder schön auf der Terrasse sitzen und Kaffee trinken" oder „Du wirst noch so viele tolle Momente mit deinen Urenkeln erleben!". Ich verzichte auf all das wohlmeinende Geschwätz. Er hat nichts davon, wenn ich krampfhaft auf ihn einwirke und alles schönrede. Es bringt nichts, so zu tun, als befände er sich wieder einmal in einer kurzen schlechten Phase, die vorübergeht – denn diesmal scheint es anders zu sein, denn er ist mir gegenüber noch nie so direkt geworden. Papa appelliert insgeheim an meine Einsichtsfähigkeit. Das geht in Ordnung! Wir wollen einander nichts mehr vormachen – wir müssen Klartext reden. Papa ist offensichtlich todkrank, er hat vermutlich nicht mehr viel Zeit. Er hat das buchstäblich im Blut und ich kann das nun zum ersten Mal wahrnehmen und endlich auch akzeptieren. Ich darf ihm sein Gefühl und seine Einschätzung der Gesamtsituation nicht ausreden, sondern muss ihn alles aussprechen lassen, was er zu sagen hat. Dafür ist genau jetzt der richtige Augenblick. Also teile ich ihm mit ernster Stimme mit: „Ja, das glaube ich dir, Papa, und ich verstehe das auch." Ich spüre seine Erleichterung, dass wir nicht mehr um den heißen Brei herumreden müssen. Papa ahnte immer, dass es mir wahrscheinlich am schwersten fallen würde, mich mit der Tatsache abzufinden, dass er uns schon bald verlassen wird. Dass ich ihn ganz schwer gehen lassen kann, denn wir haben eine sehr innige emotionale Verbindung zueinander. Aber jetzt ist es ausgesprochen. Und es kommt mir gar nicht so schwer über die Lippen. Ich sehe ja, was los ist. Ich weiß, dass ich ihn wissen lassen muss, dass ich bereit bin, ihn herzugeben, wenn es so weit ist. Er braucht die Gewissheit, dass ich das verkraften kann.

Wir reden zum ersten Mal ganz konkret und unmittelbar über das Sterben. Ich kläre ihn sogar über die Möglichkeit der aktiven Sterbehilfe auf. Ohne Panik in den Augen, ohne Zittern in der Stimme, sachlich und ohne jede Gefühlsregung. Es wundert mich, wie gelassen ich mit ihm darüber sprechen kann. Ich habe verstanden, dass es jetzt nicht um meine Befindlichkeit und um meine Ängste geht, sondern darum, dass Papa das Recht hat, mit seinem Anliegen ernst genommen zu werden. Er zeigt sich sehr interessiert an der Möglichkeit, dass man seiner Qual ein schnelles Ende bereiten könnte. Natürlich sprechen wir über Sterbehilfe im Ausland. Offizielle Wege der aktiven Sterbehilfe sind in Deutschland strikt verboten. Einen Tag vor Papas Beerdigung wird es eine Gesetzesänderung geben, die zumindest das selbstbestimmte Sterben vereinfachen soll. Beihilfe zum Suizid wird bei uns nicht unter Strafe gestellt, wenn sie nicht auf Wiederholung angelegt ist und nicht gewerblich betrieben wird.

Papa fragt nach den Kosten der Sterbehilfe im Ausland. Als er die Summe hört, ist er nicht mehr interessiert. Sein Sterben darf doch um Himmels willen das Konto nicht so belasten. Es soll doch genug Geld für Mama übrigbleiben, damit er sie gut versorgt weiß. Wenn es um die Sterbehilfe für seine Frau, seine Kinder oder seine Enkelkinder gegangen wäre, hätten ihn die Kosten nicht abgeschreckt, da bin ich mir sicher. Aber für sich selbst so viel Geld zu beanspruchen – oh nein, das kommt nicht infrage. Zu teuer! Aber es geht auch nicht nur um die Kosten. Ihm behagt auch die Vorstellung nicht, eine chemische Substanz verabreicht zu bekommen, die seinem Leben ein abruptes Ende bereitet. Das ist ihm dann doch zu brutal. Das äußert Papa nicht direkt, aber es schwingt in seinen Worten mit, als er sagt: „Nein, das will ich aber nicht." „Nein, das wollen wir auch nicht, Papa! Das ist für die Angehörigen auch nicht schön." Für mich ist solch ein Schritt auch schwer vorstellbar, es ist mir nur wichtig, meinen Vater mit dieser Option zu konfrontieren. Ich will seine Reaktion darauf prüfen, um einschätzen zu können, wie ernst es ihm mit dem Sterben ist. Zu meiner Mutter hat er in den letzten Wochen mehrmals gesagt: „Ich will nicht mehr – und ich kann auch nicht mehr!" Dieser Satz bringt klar zum Ausdruck, dass er sich wünscht, dass er endlich sterben kann. Nicht weil mein Vater grundsätzlich lieber im Reich der Toten wäre, sondern weil das Leben ihm inzwischen zu viel abverlangt! Er ist regelrecht lebensmüde und hat keine Kraft mehr.

Mein Vater ist von Haus aus alles andere als ein depressiver Typ. Er war immer zu Späßen aufgelegt und verbreitete überall gute Laune. Aber seine schlechte gesundheitliche Verfassung zwingt ihn jetzt in die Knie. Ihm ist das Lachen vergangen. Papa sieht ganz klar, wie es um ihn steht und will nicht mehr so tun, als gäbe es für ihn noch die Aussicht auf eine dauerhafte Verbesserung, einen lohnenswerten Grund, gegen alle bestehenden Widerstände anzukämpfen.

Der Zug ist abgefahren.
Die Weichen sind gestellt.
Der Treibstoff geht zur Neige.
Papa fährt allmählich in den Endbahnhof ein.
Sicher nicht heute und nicht morgen,
aber in absehbarer Zeit.

Alles, was ich als Tochter jetzt noch für ihn tun kann, ist ihn nicht alleinzulassen auf der letzten Strecke seines Lebensweges und – wenn nötig – professionelle Unterstützung anzufordern.

Mein Vater fragt mich häufiger als sonst danach, ob ich ihn massieren kann. Natürlich erfülle ich ihm gern diesen Wunsch. In den letzten Monaten war das neben der Nagel- und Fußpflege eine meiner vorrangigen Aufgaben. Ihm ein wenig Erleichterung zu verschaffen, indem ich ihm den Nacken und den Rücken massiere. Vielleicht hat es einen positiven Effekt auf die Schmerzen, aber die Hauptfunktion ist sicherlich, dass diese Zuwendung ihm unmittelbar guttut, Geborgenheit vermittelt und zu seinem allgemeinen Wohlbefinden beiträgt. Ich möchte mich ganz nach Papas Bedürfnissen richten. Da ich in der letzten Woche selbst unter extrem starken Schulter-Arm-Schmerzen gelitten habe, möchte ich meinen linken Arm eigentlich nicht so stark belasten. Also gehe ich dazu über, meinen Vater nur mit der rechten Hand zu massieren. Wieder und wieder fragt er an diesem Samstag danach, ob ich ihn massieren kann. „Na, klar, Papa!" Ich verdränge meine eigenen Beschwerden, stelle mich hinter seinen Sessel, lege meine rechte Hand auf seine Schulter und beginne erneut mit der Massage. Mein Vater soll nicht merken, dass es allmählich für mich auch zu anstrengend wird. Ich möchte ihm seinen Wunsch nicht abschlagen.

In Papas Abwesenheit telefoniere ich mit dem Pflegeheim, in dem mein Opa war. So schwer es uns auch fällt, wir müssen uns darüber Gedanken machen, wie es zukünftig weitergehen soll. Mama kann die Pflege zu Hause ohne Unterstützung nicht mehr leisten, das wird immer deutlicher. Entweder muss regelmäßig ein ambulanter Pflegedienst kommen oder wir müssen in absehbarer Zeit einen Heimplatz für Papa finden. Natürlich ist uns der Pflegedienst lieber. Aber davon abgesehen muss man sich auch frühzeitig um eine Heimunterbringung bemühen, denn man weiß ja nie, was kommt. Die Mitarbeiterin am anderen Ende der Leitung will unser Anliegen mit der Pflegeleitung besprechen. Gegen Abend erhalte ich dann eine Absage. Nicht einmal eine Kurzzeitpflege kann uns in Aussicht gestellt werden. Lediglich ein Platz auf der Warteliste wird uns angeboten. Mir wird wohl nichts anderes übrig bleiben, als in den nächsten Tagen alle weiteren Seniorenheime im Umkreis abzutelefonieren. Man kann es sich anscheinend nicht aussuchen, sondern muss nehmen, was man kriegen kann.

Das Mittagessen möchte mein Vater ausfallen lassen. Jeder Bissen ist für ihn die reinste Qual. Er hat seit über einer Woche einen ganz schlechten Appetit und mit jedem weiteren Tag fällt ihm das Essen offenbar schwerer. Papa isst Mama zuliebe drei Teelöffel voll und verzieht angewidert das Gesicht bei jedem Bissen. Mama fragt ihn, ob er Joghurt oder Milchreis essen möchte, doch er schüttelt immer nur den Kopf. „Lass ihn", sage ich und sie sieht ein, dass es zwecklos ist. Mein Vater hält – wie gewohnt – seinen Mittagsschlaf. Nachmittags kommen seine beiden Schwestern Inge und Ursel zu Besuch. Papa spricht ganz wenig, nimmt kaum Notiz von dem, was wir sagen. Aber von dem Impuls, ständig aufzustehen und die Toilette aufzusuchen keine Spur. Er bleibt über eine Stunde wie angewurzelt auf dem Sessel sitzen und rührt sich nicht einen Millimeter von der Stelle. Es wird ihn sehr angestrengt haben. Die beiden Frauen nehmen Abschied von ihrem großen Bruder. Sie ahnen, dass sie ihn nicht wiedersehen. Ich sehe es daran, dass sie ihre Tränen zurückhalten müssen, als sie ihm die Hand reichen.

Mein Vater will wissen, ob sein Sohn mit der Familie gut in Österreich angekommen ist. Er möchte sie anrufen. Ich bin erstaunt darüber, denn Papa telefoniert seit dem Sommer letzten Jahres äußerst ungern. Aber er muss sichergehen, dass alle wohlauf sind! Es ist aber noch zu früh, sie sind gewiss noch nicht an ihrem Urlaubsziel angekommen. Ich bitte meine Schwägerin per WhatsApp, dass sie sich kurz melden soll, wenn sie ihr Quartier erreicht haben. Das tut sie auch. Papa ist beruhigt. Ich schreibe meinem Neffen, dass er am nächsten Tag ein paar Fotos schicken soll.

Mama bereitet das Abendbrot vor und ich sitze allein mit Papa im Wohnzimmer. „Ich habe an nichts mehr Interesse", sagt er. Ich bin immer wieder erstaunt, wie unumwunden er die Dinge auf den Punkt bringt. Es sind auch nicht viele Worte nötig, um zu beschreiben, was in ihm vorgeht. Was ich nicht übers Herz bringe, ist, ihn zu fragen, ob er eine ungefähre Vorstellung davon hat, wie viel Zeit ihm noch bleibt. Aber das muss er auch nicht sagen, denn ich fürchte, dass ich die Antwort darauf bereits kenne ... Mama gesellt sich zu uns und macht Papa den Fernseher an. Die Fußballergebnisse flimmern über den Bildschirm. Mama und ich gehen in die Küche, um Abendbrot zu essen. Es dauert keine Minute, da leistet Papa uns Gesellschaft. Sein vormals geliebter Fußball kann ihn mal. Es ist, wie er sagt: Es interessiert ihn einfach nicht mehr.

Nach dem Abendbrot verlangt mein Vater nach Schmerzmitteln – so wie fast jeden Abend. „Dann musst du aber eine Kleinigkeit essen, Papa, damit die Tablette auch drinbleibt", sage ich zu ihm. Er fügt sich. Ich zerdrücke eine halbe Banane auf einem Teller und reiche ihm das Essen an. Nach zwei Löffeln winkt er ab. Einen dritten Löffel zwingt er sich auf gutes Zureden runter. Dann erhält er die Tablette. Dass wir ihn zum Essen nötigen, weil ich überzeugt davon bin, dass es notwendig ist, wenn er Schmerzmittel einnimmt, ist eine bedauerliche Fehleinschätzung meinerseits. Ich bin mir in dem Moment so sicher, dass das Schmerzmittel auf nüchternen Magen nicht wirkt ... Mein Vater nimmt Ibuprofen. Das Mittel nimmt man sogar vorzugsweise nüchtern, aber mit viel Wasser ein, wie ich inzwischen weiß. Es tut mir so unfassbar leid, dass wir Papa aus Unkenntnis zum Essen überreden. Ein Blick in die Packungsbeilage oder eine kurze Internetrecherche hätte den Fehler in wenigen Minuten aufdecken können. Ich begleite Papa auf die Toilette. Es macht mir nicht das Geringste aus. Ich bin froh, wenn ich etwas für ihn tun kann. Papa will nicht schwierig sein, versucht so gut es geht mitzuhelfen. Tut alles, was man ihm sagt. Ohne jede Beschwerde! So handhabt er das mit allen Dingen, bis auf die Sache mit dem Essen. Das ist das einzige, wogegen er leichten Protest erhebt.

Der Pflegeaufwand wird immer größer. Mein Vater braucht bei allem Unterstützung und wir haben noch nicht einmal einen Pflegegrad für ihn. Den Antrag habe ich vor ein paar Tagen zwar telefonisch gestellt, aber die Unterlagen sind noch nicht da. Es geht so schnell abwärts – darauf sind wir nicht eingestellt. Ich reinige Papas Zahnersatz gründlich, denn die Mund- und Zahnpflege ist in der Intensivpflege ganz besonders wichtig, das ist mir bewusst. Mein Vater legt sich wieder ins Bett, ist sichtlich erschöpft. Es war ein anstrengender Tag für ihn. Ich frage meine Mutter, ob ich heute Nacht bei ihm Wache schieben soll, damit sie sich mal richtig ausschlafen kann. Aber sie lehnt ab. Mama geht lieber selbst über ihre Grenzen, um mich nicht zu belasten. „Du bist selber krank", sagt sie. Ja, das stimmt. Meine chronische Migräne setzt mir auch ganz schön zu. Es vergeht kein Tag ohne Anfall. Ich nehme jeden Tag Tabletten ein. „Aber Mama, du hattest bereits einen Hinterwandherzinfarkt, bist 77 Jahre alt und leidest seit fast einem Jahr unter permanentem Schlafmangel", setze ich ihr entgegen. Doch meine Mutter – die ich

bisweilen mit einem liebevollen Augenzwinkern „the brain"
(„das Gehirn") nenne – lässt nicht mit sich verhandeln. Sie
muss alles unter Kontrolle haben! Ich biete ihr aber an, dass
sie mich jederzeit wecken kann, wenn sie Unterstützung
braucht oder ich sie ablösen soll. Damit ist sie einverstanden
– wenigstens etwas. Mama erzählt mir, dass mein Bruder
sich vor der Abreise in den Urlaub gefragt hat, ob er Papa
überhaupt noch einmal lebend wiedersieht … So langsam
kommen mir da auch Zweifel.

Ich liege in dieser Nacht ganz unruhig in meinem Gäste-
bett. Es will mir einfach nicht gelingen, zur Ruhe zu kommen. Ich bin zu aufgewühlt – meine Gedanken kreisen die
ganze Zeit um Papa. Ich beginne zu lesen, gehe aufs Klo und
versuche erneut zu schlafen. Es gelingt mir nicht. Ich mache
Licht, nehme mir mein Handy zur Hand und schreibe meine
Gedanken unzensiert auf. Das Schreiben beruhigt mich. Danach kann ich das Gedankenkarussell in meinem Kopf an-
halten und endlich einschlafen.

Wenn ich über meinen Vater schreiben kann, stärkt das
meine Bindung zu ihm. Ich fühle mich ihm dadurch noch
näher. Durch das Schreiben kann ich Stress abbauen und
meine Gedanken und Gefühle in Worte fassen. Ich muss
mich mitteilen, sonst drehe ich durch. Es nimmt mir ein wenig die Angst vor dem, was vielleicht noch auf uns zukommt. Ich muss mir selbst Mut zusprechen, dass wir das,
was kommt, miteinander durchstehen werden.

Alles ist plötzlich verändert,
mein Beschützer wird zu jemandem, der beschützt werden
muss.
Vielleicht auch vor sich selbst …
Du wirst nie wieder der, der Du warst
und bist doch immer noch der, den wir lieben.
Egal was kommt,
Du bleibst für allezeit unser geliebter Papa und Opa!
Was Du früher für Deine Kinder getan hast,

müssen Deine Kinder nun für Dich übernehmen.
Die Rollen sind vertauscht!

Dich in dieser schweren Zeit zu begleiten
ist keine Last für mich,
sondern eine Selbstverständlichkeit und eine Frage des Anstands.
Wir haben keine Zeit, um uns zu fragen,
ob wir tun können, was getan werden muss –
es ist einfach notwendig und deshalb muss es sein.
Kein Gedanke an Schamgefühl oder Verlegenheit.
Die Grenzen zwischen uns lösen sich auf.
Verschwimmen immer mehr.
Ich pflege Deinen Körper wie meinen eigenen,
aus dem einfachen Grund, weil Du auf meine Hilfe angewiesen bist.
Ich kann Dir damit einen kleinen Dienst erweisen,
etwas an Dich zurückgeben.
Aber es ist ein winzig kleiner Beitrag im Verhältnis zu dem,
was Du für Deine Familie getan hast
über zwei Drittel Deines Lebens.
Immer wieder aufs Neue.
Ohne Dich zu fragen,
ob Du es nicht schöner oder bequemer hättest haben können.
Du warst Dir für nichts zu fein
und hast uns immer aus der Patsche geholfen,
egal was wir angestellt haben.
Allein deshalb hast Du die beste Pflege
und die liebevollste Begleitung verdient,
die wir Dir angedeihen lassen können,
und ich hoffe, dass wir das hinkriegen
und Du spürst, dass Du nicht alleingelassen wirst.

Sich damit abzufinden, dass Du sterben musst,
ist nicht das Schwerste in diesem Prozess,
sondern den harten Weg dahin zu akzeptieren und auszuhalten.
Aber solange ich Anteil daran nehmen kann und bei Dir bin,
ist es leichter zu ertragen.

Ich habe so viele Jahre gesehen,
wie liebevoll Du mit Deiner Frau, Deinen Kindern, Deinen Enkelkindern,
Deinen Eltern und Deiner Schwiegermutter umgegangen bist.
Wie könnte ich Dir jetzt Beistand versagen?
Niemals!

Es tut mir leid, dass es nicht mehr ist, was ich tun kann,
und dass es gerade mal dazu reicht,
Dir ein wenig Halt und Geborgenheit zu geben.
Ich kann nicht dafür sorgen, dass es Dir wieder gut geht -
das steht nicht in meiner Macht.
Ich kann nur dafür sorgen,
dass Du gut versorgt wirst.
Aber was ist das bisschen, was ich beitragen kann,
verglichen mit dem, was Mama seit Monaten leistet?
Ein Bruchteil!

Ich würde Dir so gern Deine Lebenskraft zurückgeben,
Dir einen schmerzfreien Tag erkämpfen
oder Dir neuen Lebensmut schenken.
Könnte ich doch Deine Krankheit wegzaubern,
Deine zunehmende Verwirrtheit aufhalten
und Dich ein wenig mehr von Dir selbst spüren lassen.

Es tut mir fast körperlich weh, Dich so leiden zu sehen.
Ich kann Dir nicht ersparen,
wie verändert und bedrohlich Dir die Welt plötzlich vorkommen mag.
Ich kann nur versuchen,
Deine Angst und Unsicherheit ein wenig abzumildern.
Dir Trost spenden
mit einer Berührung, einem lieben Wort und der notwendigen Körperpflege.
Ich versuche, Dich zu stützen, Dich zu beruhigen, Dich zu begleiten –
ohne Dich dabei zu sehr zu bedrängen.
Zu merken, was Du brauchst
und was Du lieber nicht möchtest,

ist nicht immer leicht zu durchschauen.

Danke, dass Du mich teilhaben lässt,
sodass ich diesen schweren und steinigen Weg
gemeinsam mit Dir gehen kann.
Ich versuche ein paar dieser Steine für Dich aus dem Weg zu
räumen
und hoffe, dass mir das gelingt.
Ich bin so stolz darauf, Deine Tochter zu sein
und ich kann nur erahnen,
wie schwer das alles für Dich sein muss.
Du bist so tapfer, Papa –
und immer noch so lieb und wertschätzend,
selbst in der größten Not.
Danke für alles!
Wir stehen das gemeinsam durch.
Wir sind bei Dir.
Lassen Dich diesen beschwerlichen Weg nicht allein gehen.

2. Wettlauf mit der Zeit

Es war für meine Eltern wieder eine sehr unruhige Nacht. Natürlich hat Mama mich nicht aufgeweckt. Was sie zurzeit leistet, ist fast übermenschlich. Ich empfinde einen so großen Respekt für pflegende Angehörige. An diesem Wochenende begreife ich zum ersten Mal wirklich, was das heißt und was es einem ganz besonders in psychischer Hinsicht abverlangt.

Mein Vater schafft den Weg ins Badezimmer sogar jetzt noch – in diesem geschwächten Zustand. Er geht am Stock und hält sich auf dem Weg ins Bad an den Kommoden fest oder stützt sich an der Wand ab. Er hat ein ausgeklügeltes System entwickelt, wie er vorankommt und hingelangt, wohin er möchte. Deshalb wäre es fatal, irgendetwas aus dem Weg zu räumen. Lediglich die Läufer wurden vorgestern entfernt, da sie eine Stolperfalle darstellen können. Im Schlafzimmer und im Bad wurden kleine Nachtleuchten angebracht. Falls Papa vergisst, das Licht anzuknipsen, was bereits vorkam, sieht er genug, um sich dennoch zurechtzu-finden. Warum sind wir nicht früher auf die Idee gekommen? Ich könnte mich dafür ohrfeigen. Man muss rechtzeitig über Unterstützungsmöglichkeiten nachdenken und entsprechende Vorkehrungen treffen. Oft bleibt nicht viel Zeit und es sollte alles getan werden, um dem pflegebedürftigen Angehörigen das Leben so bequem und so leicht wie möglich zu machen.

Papa ist ganz blass und unruhig. Er weiß nicht, wohin mit sich. Er steht auf und geht auf die Toilette. Dann schleppt er sich ins Wohnzimmer und setzt sich auf seinen Sessel. Kurz danach zieht er aufs Sofa um. Dann steht er wieder auf und sagt: „Ich glaube, ich leg mich wieder ins Bett." So geht das den ganzen Vormittag. Die Kraftanstrengung, die er aufbringen muss, ist enorm.

Mein Vater weiß genau, wenn er es nicht mehr schafft, selbstständig auf die Toilette zu gehen, kann er nicht länger zu Hause bleiben. Das ist das eigentlich Entscheidende und die Grenze, die meine Mutter sich gesetzt hat. Sie kann ihn nicht mehr zu Hause behalten, wenn er vollständig ans Bett gefesselt ist. Die Pflege traut sie sich dann nicht mehr zu – was in Anbetracht ihres Alters und ihrer gesundheitlichen Belastung mehr als verständlich ist. Es ist ein Wettlauf mit der Zeit! Mein Vater mobilisiert noch mal alle Kräfte, die er aufbringen kann. Aber sein Gang wird immer unsicherer. Er macht kleine Tippelschritte, wie sie für Demenzkranke typisch sind und arbeitet sich mühsam voran. Mir kommt es so vor, als sei er in wenigen Tagen um etliche Jahre gealtert. Es ist nicht zu übersehen: Papa baut immer mehr ab.

Ich frage ihn, ob er ins Krankenhaus möchte, weil sie ihn medizinisch dort besser versorgen können. Er will nicht ins Krankenhaus, er will hierbleiben – bei uns. „Gut, Papa, wenn du das möchtest, setzen wir alles daran, damit du zu Hause bleiben kannst. Sollte es dir aber morgen schlechter gehen, müssen wir etwas unternehmen." Papa erwidert darauf nichts, ist ganz in sich gekehrt. Ich möchte ihm noch etwas Tröstliches sagen, ihm ein wenig die Angst vor diesem etwaigen Schritt nehmen. „Wenn du ins Krankenhaus gehen musst, dann werde ich dich auf jeden Fall begleiten", sage ich. „Wir nehmen uns dann ein privates Zweibettzimmer." „Das kann ich dir doch nicht zumuten", sagt er. „Doch, das kannst du, Papa. Ich lass dich nicht allein gehen. Wir haben doch immer zusammengehalten, das machen wir jetzt auch."

Es ist so typisch für meinen Vater, dass er nichts für sich einfordert, niemanden belasten will. Seine Frau und seine Kinder am liebsten vor alldem verschonen möchte. Es beschämt mich, weil ich so oft die Erfahrung gemacht habe, dass er auch immer für uns da gewesen ist – das rechne ich ihm ganz hoch an!

Endlich komme ich auf die Idee, mich im Internet zu informieren. Ich stoße auf einen interessanten Bericht über den freiwillig gewählten Tod durch den bewussten Verzicht auf Essen und Trinken. Bei dem Sterbefasten möchte der unheilbar Kranke und von starken Schmerzen geplagte Patient selbstbestimmt sterben. Daher verzichtet er in voller Absicht so lange auf Nahrung und Flüssigkeit, bis der Tod eintritt. Es ist eine Möglichkeit für den Sterbenden, seinem Leiden ein schnelleres Ende zu bereiten, sofern er diese Entscheidung noch selbst treffen und umsetzen kann.

Ich glaube nicht, dass wir es in diesem Fall mit einem freiwillig gewählten Sterbefasten zu tun haben. Papas Problem ist, dass er einfach kaum noch etwas bei sich behalten kann. Mein Vater verzichtet nicht auf Nahrung, weil er Suizid begehen möchte, sondern allein deshalb, weil die Nahrungs- und Flüssigkeitsaufnahme so unangenehm für ihn ist. Er wird spüren, dass seine Lebenskräfte schwinden und die inneren Organe allmählich ihre Funktion einstellen. Die meisten todkranken Menschen sterben nicht, weil sie nicht mehr essen und trinken, sondern sie essen und trinken nicht mehr, da sie sich bereits im Sterbeprozess befinden und die von außen zugeführte Energie nicht mehr benötigen und verwerten können. Aber diese Schlussfolgerung kann ich in diesem Moment auch noch nicht ziehen, denn ich will nicht wahrhaben, dass Papa sich bereits auf den Weg gemacht hat.

Ich erfahre in dem Artikel, worauf man alles achten muss, wenn der Kranke nichts mehr zu sich nimmt, und das ist durchaus auf unsere Situation übertragbar. In der Sterbephase soll niemand zur Nahrungsaufnahme gezwungen werden, denn das erfüllt im Grunde den Straftatbestand der Körperverletzung. Außerdem bietet die Nahrungsverweigerung in der letzten Lebensphase auch Vorteile: Durch den konsequenten Nahrungsverzicht kommt es wie beim Heilfasten zu einer körpereigenen Endorphin-Ausschüttung, die sich positiv auf die Stimmung auswirken kann und schmerzlindernd wirkt. Nach ca. 48 Stunden soll das Hungergefühl verschwunden sein. Gegen den Durst muss eine ordentliche und stetige Mundpflege betrieben werden. Okay, denke ich, an dem Punkt sind wir noch nicht. Aber da mein Vater eindeutig zu wenig trinkt, sollte ich seinen Mund regelmäßig befeuchten. Ich lasse mir von meiner Mutter einen Waschlappen geben, um sofort mit der Mundpflege zu beginnen.

Mein ältester Neffe schickt uns Fotos aus Österreich, die ich Papa umgehend zeige. Er sieht sich jedes einzelne Foto ganz genau an, sagt aber nichts dazu. Ich kann mir denken, dass er davon ausgeht, dass dies die letzten Bilder sein werden, die er von seinem Enkel und dessen Familie zu sehen bekommt.

In den späten Vormittagsstunden berate ich mich mit meiner Mutter darüber, wie wir weiter vorgehen. Wir müssen doch irgendetwas unternehmen. Nur was? Mama findet in ihren Unterlagen eine bundesweite Notfallnummer für den ärztlichen Bereitschaftsdienst: Die 116 117! Da rufen wir jetzt an. Es soll irgendwer vorbeikommen, um die Ernsthaftigkeit der Situation einzuschätzen. Es wird fünf Stunden dauern, bis hier jemand auftaucht. Fünf lange Stunden, in denen Papas Zustand immer kritischer wird. Er liegt jetzt die meiste Zeit im Bett. Das Sprechen fällt ihm immer schwerer. Aber wir verstehen einander auch ohne viele Worte und es gibt im Grunde auch nicht viel zu bereden. Alles, worauf es ankommt, ist ohnehin schon gesagt. Entscheidend ist jetzt, dass er weiß, dass wir die ganze Zeit für ihn da sind.

Ich versuche meinen Vater mit behutsamen Berührungen und sanfter Stimme so viel Sicherheit zu vermitteln wie möglich. Ich berühre ihn an der Schulter und lass die Hand dort ruhen. „Schlaf ein wenig, Papa. Ich bleibe bei dir." Ich liege auf Mamas Bettseite und schließe die Augen. Papa kann nicht schlafen, er hat Schmerzen. Besonders, wenn er versucht die Liegeposition zu verändern, stöhnt er leise. Außerdem kratzt er sich häufig am Hals und berührt sich selbst am Oberkörper, als wolle er sich damit beruhigen oder als müsse er sich vergewissern, dass er überhaupt noch existiert. Ich greife nach seiner Hand und halte sie. Papa erwidert den Händedruck und kann es nach wie vor gut haben, angefasst zu werden. Ich bin sehr froh, dass er diese Zuwendung annehmen kann. Papa wird allmählich ruhiger.

Wir zwei liegen einfach nur so da. Ab und zu guckt Papa mich stumm von der Seite an. Es ist ein sehr intensiver Blick, den ich aber nicht zu deuten weiß. Will er sich vergewissern, dass ich noch bei ihm bin oder versucht er an meinem Gesichtsausdruck abzulesen, wie es um ihn steht? Oder möchte Papa zum Ausdruck bringen, dass er noch bei vollem Bewusstsein ist? Vielleicht ist der Blickkontakt auch einfach nur an die Stelle der verbalen Kommunikation getreten. Womöglich ist es auch von allem ein bisschen. Dieser spezielle Ausdruck in seinen Augen verleiht meinem Vater jedenfalls eine besondere Tiefe und Präsenz. Man kann diesem Blick unmöglich ausweichen und fühlt sich wie hypnotisiert. Ich will hoffen, dass er mich noch erkennt und nicht denkt: „Wer ist denn die fremde Frau da neben mir?" Ganz bewusst rede ich ihn immer mal wieder direkt mit „Papa" an, damit ihm keine Zweifel kommen, dass seine Tochter bei ihm ist. Allerdings kann ich in seinem Blick weder Angst noch Unsicherheit erkennen. Ich habe den Eindruck, dass er einfach nur Kontakt halten will.

Ich versuche meinem Vater zuzunicken, um ihm Sicherheit zu vermitteln, was mir mal mehr und mal weniger gut gelingt. Meine Gesichtszüge sind ein wenig eingefroren. Es fällt mir schwer zu lächeln in Anbetracht der Situation. Wenn mein Vater schmerzvoll das Gesicht verzieht, sage ich leise und sanft so etwas wie „Ja, das ist nicht leicht" oder „Ich bin da, Papa, es ist alles gut". Ob er alles mitkriegt, was ich verbalisiere, daran habe ich jedoch so meine Zweifel. Aber darauf kommt es auch nicht an. Ich bin mir ziemlich sicher, dass mein Vater auf meinen Tonfall reagiert. Außerdem versuche ich auch ein wenig, mich selbst damit zu trösten – denn auch ich habe Beruhigung nötig. Ich habe nicht damit gerechnet, dass es Papa so schlecht geht. Schließlich fallen ihm die Augen zu. Es ist so wichtig, dass er sich ein wenig ausruhen und seinen Schmerzen mal für eine Weile entfliehen kann. Ich habe den Eindruck, dass mein Vater immer mal wieder Atemaussetzer hat. Wie wäre es, wenn er jetzt sterben würde – in diesem Moment? Mich ängstigt diese Vorstellung nicht. Für ihn wäre es eine Gnade und ein Geschenk für uns beide.

Zu diesem Zeitpunkt habe ich immer noch eine sehr „idyllische" und unrealistische Vorstellung vom Sterben. In meinem Kopf existiert das Bild vom friedvollen Tod. Als sei es ein sanftes, würdevolles Hinübergleiten. Ohne Schmerzen, ohne innere Unruhe, ohne Ängste, ohne Hektik. In Gemeinschaft mit den nächsten Angehörigen in einem Raum, die bis zuletzt die Hand des Sterbenden halten, der mit einem friedlichen Lächeln im Gesicht seinen letzten Atemzug macht – so als wohne dem Ganzen sogar ein gewisser Zauber inne. Ich halte an dieser geschönten Variante, die uns oftmals in Spielfilmen begegnet, fest, weil ich es mir so für Papa wünsche und weil jedes Bild, das davon abweicht, mir Angst macht und zu schrecklich ist, um wahr zu sein. Ich kann mich nicht damit konfrontieren, dass es ganz anders kommen könnte …

Der Sterbevorgang lässt sich ab einem bestimmten Zeitpunkt nicht mehr aufhalten. Man kann ihn weder steuern noch positiv beeinflussen, jedenfalls nicht ohne professionelle Unterstützung. Als Laie ist es auch schwer einzuschätzen, ob sich der Angehörige bereits im letzten Stadium seiner Krankheit – in der finalen Phase – befindet. Wenn er sich nicht mehr mitteilen kann, muss man anfangen, auf sein Herz zu hören. Ich muss mich ganz auf meine innere Stimme verlassen, mich den Gegebenheiten hier vor Ort anpassen und mich immer wieder auf neue Situationen einstellen. Das ist sehr kräftezehrend und geht an die Substanz. Außerdem trage ich jetzt die Verantwortung für meinen Vater und für meine Mutter, denn „the brain" geht – trotz ihrer taffen Grundhaltung – langsam auch auf dem Zahnfleisch. Schließlich ist sie nur drei Jahre jünger als Papa und zudem herzkrank.

Ich werfe einen liebevollen Blick auf meinen Vater. Auch wenn das alles nicht leicht zu managen und mitunter schwer zu ertragen ist, möchte ich jetzt nirgendwo anders sein. Ich bin so froh, dass ich in Papas Nähe bin und ihm beistehen kann. Obwohl die Umstände unserer Zusammenkunft sehr unerfreulich sind, genieße ich dennoch jede Minute mit ihm. Denn auch wenn Papas Lebenszeit langsam knapp wird, so haben wir paradoxerweise momentan alle Zeit der Welt! Der Sterbeprozess schreitet voran, aber die Zeit scheint mehr oder minder stillzustehen. Ein ganz merkwürdiger Kontrast! Ich möchte diese Zweisamkeit mit ihm voll auskosten.

Es gibt an diesem Nachmittag immer wieder ganz innige, wohlige, beseelte und intime Momente zwischen uns, die uns sehr stark miteinander verbinden und gleichzeitig auf die bevorstehende Trennung vorbereiten. Aber dass es sich hier bereits um den Ablöseprozess handelt, ist mir zunächst nur in Ansätzen bewusst. Es geht erst einmal darum, meinen Vater in seiner momentanen Schwäche und Verletzlichkeit anzunehmen und ihm Halt zu geben. Aber je weiter der Tag voranschreitet, desto deutlicher kann ich spüren, wie sehr er sich wünscht, sein Leben beschließen zu können. Aber wie alles kommt – das weiß kein Mensch.

Ich biete meinem Vater immer mal wieder an, seinen Mund mit dem Waschlappen zu befeuchten. Er kann das ganz gut haben. Natürlich frage ich ihn auch in gewisser Regelmäßigkeit, ob er etwas trinken möchte, aber er lehnt es ab. Nur wenn meine Mutter ins Zimmer kommt und ihn inständig bittet, quält er sich ein paar Schluck Wasser hinunter. Ich kann sein Ekelgefühl so gut nachempfinden. Bei meinen unbehandelten Migräneanfällen habe ich auch einen absoluten Widerwillen gegen jede Form der Flüssigkeitsaufnahme, von der Nahrungsaufnahme ganz zu schweigen. Eins ist klar: Wenn Papa nichts mehr isst und zu wenig trinkt, wird er zwangsläufig immer schwächer, was sich auch auf seine kognitiven Fähigkeiten auswirken könnte. Aber wenn wir ihn dazu nötigen, Nahrung aufzunehmen, nehmen wir ihm das Recht, selbst zu bestimmen, was er in dieser Situation braucht oder eben aus gutem Grund ablehnt.

Papas einzige Waffe gegen die zerstörende Kraft in seinem Körper ist die Verweigerung.
Er will nicht mehr.
Nicht mehr kämpfen und nicht mehr leiden.
Es soll einfach vorbei sein.
Papa entscheidet sich intuitiv dafür,
die Dinge, die geschehen, einfach geschehen zu lassen.
Er ist bereit, der Wahrheit ins Auge zu sehen
und hat vermutlich keine Angst vor dem Tod,
höchstens vor dem Sterben …
Aber Papa will ganz offensichtlich nicht mehr gegen etwas aufbegehren,

was ohnehin unvermeidlich ist.
Er kann sich auch nicht länger dagegen zur Wehr setzen –
dafür geht es ihm einfach schon zu schlecht.
Da er so nicht mehr weiterleben will,
fügt er sich in sein Schicksal.
Papa hofft inständig, dass ihm das Pflegeheim erspart bleibt
und hält weiter an der Hoffnung fest,
ganz friedlich zu Hause sterben zu können.
Das ist sein sehnlichster, sein einziger Wunsch.
Das ist alles, was ihn noch interessiert …

Ich muss daran denken, was er Samstagmorgen zu mir sagte: „Gut, dass du da bist, Marion." Mir kommt es tatsächlich so vor, als habe er nur auf mich gewartet, um sich endlich auf seine letzte Reise begeben zu können. Mein Vater hat die Sterbebegleitung unausgesprochen zu meiner Aufgabe gemacht. Wollte seinen Sohn und seine Enkelkinder lieber davor bewahren. Papa hat entschieden, dass ich dieser Aufgabe am ehesten gewachsen bin. Ich habe die Testphase in den letzten Monaten erfolgreich bestanden. Habe bewiesen, dass ich pflegerische Tätigkeiten übernehmen kann und auch in kritischen Momenten geduldig und einfühlsam mit ihm umgehe. Papa hat Vertrauen zu mir – das möchte ich nicht enttäuschen. Für mich hat dieser Beistand in der Tat oberste Priorität und es ist mir eine besondere Ehre und Herzensangelegenheit, meinen Vater bestmöglich zu unterstützen. In dieser ruhigen, fast besinnlichen Phase hängt dem Ganzen noch etwas Feierliches an. Wir „feiern" unseren familiären Zusammenhalt! Diese Zeit ist gerade deshalb so wertvoll, weil ich allmählich ahne, dass dies vielleicht die letzten halbwegs entspannten Stunden sind, die ich mit meinem Vater verbringen kann.

Am Nachmittag passiert ihm eine kleine Entgleisung. Ich begleite meinen Vater ins Badezimmer, um ihn aus seiner misslichen Lage zu befreien. Es ist ihm peinlich, er schämt sich, ärgert sich über sich selbst. „Das ist doch überhaupt nicht schlimm, Papa – das kann passieren. Wir bringen das gleich wieder in Ordnung", beruhige ich ihn und meine es genauso wie ich es sage. Ich will nicht, dass er sich schlecht fühlt oder die Befürchtung hat, uns zur Last zu fallen. Er ist keine Last. Es sind vielmehr Momente wie diese, in denen mir bewusst wird, wie lieb ich meinen Vater habe und wie wenig es mir ausmacht, ihm zu helfen. Ich wasche ihn, creme ihn ein und ziehe ihm eine saubere Unterhose an. „So, Papa, erledigt. Alles okay! Du kannst dich jetzt wieder hinlegen."

Der ärztliche Bereitschaftsdienst ist endlich da. Die Frau, die ihn untersucht, ist sehr nett und misst erst einmal Papas Puls und Blutdruck. Sein Blutdruck ist wie erwartet zu niedrig. Seine Medikamente müssen umgestellt werden, so wie es uns Papas Nichte, die in der Apotheke arbeitet, schon vor einer Woche prophezeit hat. Zwei Blutdrucktabletten werden halbiert. Dann bitten wir die Frau darum, uns etwas gegen Papas Unruhe aufzuschreiben. Er soll 5 ml Melperon nehmen. Über seinen Allgemeinzustand sagt sie nicht viel. Aber es hat den Anschein, als ob sie ihn nicht sehr bedenklich findet. Ich schöpfe ein klein wenig Hoffnung. Mache mir zum allerletzten Mal etwas vor. Dienstag haben wir einen Termin beim Nierenfacharzt (Nephrologen). Papas Blutwerte gaben bei der letzten Überprüfung Anlass zur Sorge, aber sie waren anscheinend noch nicht lebensbedrohlich. Offenbar gibt es auch jetzt keinerlei Hinweise darauf, dass das Leben meines Vaters bereits an einem seidenen Faden hängt.

Durchhalten, Papa! Vielleicht kriegst du nochmal die Kurve!

Papa muss so schnell wie möglich zum Spezialisten, dann wird es ihm bestimmt besser gehen! Ich klammere mich wie ein Äffchen an diese Vorstellung. Hat er doch noch eine reelle Chance? Ein Blick auf die letzten Untersuchungsergebnisse, die ihm von seinem Hausarzt zugestellt wurden, verrät mir, dass bei meinem Vater eine Niereninsuffizienz der Stärke 4 vorliegt. Das schockiert mich! Mein letzter Stand war, dass er unter Niereninsuffizienz der Stärke 2 leidet und nun plötzlich diese gravierende Verschlechterung. Jetzt wird mir auch klar, weshalb mein Vater zum Nierenfacharzt muss. Er benötigt wahrscheinlich demnächst eine regelmäßige Blutwäsche. Ich besorge das Melperon aus der Bereitschaftsapotheke. Der kleine Ausflug in die Außenwelt und ein wenig frische Luft um die Ohren tun mir gut.

Ich schreibe meinem Chef eine Nachricht, dass ich bei meinen Eltern bleiben muss und noch nicht absehen kann, wie lange meine Anwesenheit erforderlich ist. Es könne sein, dass ich die ganze Woche fehle …

Gegen Abend komme ich noch auf die Idee, beim örtlichen Palliativstützpunkt anzurufen. Die Mitarbeiterin am anderen Ende der Leitung ist sehr zugewandt. Man könne Hausbesuche machen und meinen Vater medikamentös einstellen, aber dafür bräuchten sie eine Überweisung vom Hausarzt, verrät sie mir - das wird also heute nichts mehr. Papas Hausarzt hatte ausgerechnet jetzt die ganze Woche Urlaub und ist leider auch erst ab morgen wieder erreichbar. So ein Mist!

Wieso weiß ich so wenig über das Sterben? Wieso habe ich so spät damit begonnen, mich über konkrete Hilfsmaßnahmen zu erkundigen? Ich google doch auch sonst nach jeder Kleinigkeit. Aber in dieser Angelegenheit bin ich völlig planlos. Ich schäme mich sowohl für meine Untätigkeit als auch für meine Unwissenheit.

Inzwischen bin ich umfassend darüber aufgeklärt, dass eine palliativmedizinische Versorgung nicht erst in der Endphase einer unheilbaren Krankheit sinnvoll ist, sondern bereits nach einer entsprechenden Diagnosestellung. Diese Versorgung sollte in Anspruch genommen werden, wenn davon ausgegangen wird, dass die Krankheit kontinuierlich voranschreitet und von einer begrenzten Lebenserwartung ausgegangen werden muss. Der Ausdruck „palliativ" wird von vielen fälschlicherweise nur mit einer reinen Kurzzeitpflege in den letzten Lebenstagen in Verbindung gebracht, also demgemäß mit professioneller Sterbebegleitung assoziiert. Es scheint die geheime oder vielleicht sogar unbewusste Befürchtung im Raum zu stehen, dass der Tod schneller eintreten könnte, wenn man sich in palliativmedizinische Behandlung begibt. Als ob es darum gehen würde, das Leben zu verkürzen und passive Sterbehilfe zu leisten – ganz im Gegenteil! Palliativmediziner machen es sich zur Aufgabe, bessere Lebensbedingungen für die Patienten zu schaffen, um dadurch die Lebensqualität bis zum Lebensende deutlich zu erhöhen und den Betroffenen darüber hinaus so viel Autonomie zuzugestehen wie möglich. Schmerzen und Begleitsymptome können palliativmedizinisch erfolgreich behandelt werden und den Schwerkranken viel Leid ersparen.

Als meine Mutter und ich gegen 18 Uhr Abendbrot essen, wankt mein Vater plötzlich zur Tür herein. Er macht einen ganz verwirrten Eindruck. Seine Sprache ist ganz verwaschen. Papa nuschelt und stammelt – das ist neu! Er hockt sich über seinen Stuhl und fängt an, sich seine Jogginghose herunterzuziehen. Für einen Augenblick stockt uns der Atem. Diese Situation erinnert mich ein wenig an eine Filmszene mit Didi Hallervorden in seiner Glanzrolle in „Honig im Kopf". Schnell fasse ich mich und sage: „Papa, wenn du auf die Toilette willst, müssen wir ins Badezimmer gehen. Komm mit!"

Anschließend muss mein Vater wieder Bananenmus essen, um seine Schmerztablette zu erhalten. Er tut mir so unfassbar leid! Papa muss würgen, weil ihm von dem Brei offenbar übel wird, aber er schafft es dann doch mit Mühe und Not, das Essen bei sich zu behalten. Ob die Schmerztablette ihm überhaupt noch Linderung verschafft, ist fraglich. Ich bettele Mama an, dass ich die Nacht bei Papa verbringen darf, aber sie lehnt es erneut ab. Das ist und bleibt ihre Aufgabe! Aber auch diesmal treffen wir die Vereinbarung, dass sie mich jederzeit aus dem Bett klingeln kann.

Plötzlich höre ich Geräusche in der unteren Etage. Ich schrecke hoch und laufe barfuß in das Schlafzimmer meiner

Eltern. Beide liegen im Bett, die Nachttischlampen sind an. „Es ist alles in Ordnung", sagt meine Mutter. „Wir waren nur zur Toilette." Ich setze mich kurz auf die Bettkante. Dann sage ich zu meiner Mutter: „Berühre Papa an der Schulter, das mag er oder halte einfach seine Hand, das beruhigt ihn." „Das ist aber nett", sagt mein Vater. Offenbar ist er gerade wieder vollkommen klar. „Wir haben dich doch auch lieb, Papa", sage ich und verschwinde fluchtartig aus dem Raum. So langsam merke ich, wie nah mir das alles geht. Besonders, wenn ich feststelle, dass Papa viel mehr mitbekommt, als ich es ihm zutraue. Er hat häufiger klare Momente, als es mitunter den Anschein hat. Man muss in Anwesenheit eines Schwerkranken, der scheinbar die meiste Zeit im Dämmerzustand ist, immer aufpassen, was man sagt, so viel ist sicher! Das Gehör ist oft – bis zuletzt – voll intakt.

3. Die Lage spitzt sich zu

Die Nacht von Sonntag auf Montag war wieder äußerst turbulent. Natürlich hat meine Mutter mich wieder nicht geweckt. Mein Vater hat maximal zwei Stunden geschlafen – trotz Beruhigungsmittel. Wie jeden Morgen schafft er es noch, seine Tabletten einzunehmen und ein großes Glas Wasser dazu zu trinken. Es fällt ihm schwer, daran besteht kein Zweifel, aber er zieht das durch. Mein Vater ist wirklich sehr diszipliniert und er will nach wie vor nicht schwierig sein. Was meine Mutter sagt, wird gemacht, ohne Wenn und Aber! Er beißt zweimal von seinem Toastbrot ab, dann ist er fertig mit dem Frühstück. Papa bleibt den ganzen Tag im Bett, quält sich nur hoch, wenn er zur Toilette muss. Seine zunehmende Gangunsicherheit macht mir große Sorgen. Wie lange geht das noch gut? Es ist noch keine Woche her, dass er im Badezimmer gestürzt und fast in die Dusche gefallen wäre. Es grenzt an ein Wunder, dass er sich dabei keine ernsthaften Verletzungen zugezogen hat.

Ich liege wieder den ganzen Tag neben meinem Vater und halte ihm die Hand – das hat etwas sehr Rührendes! Alle äußeren Einflüsse werden komplett ausgeblendet und haben absolut keine Bedeutung mehr. Es geht hier nur um uns! Wir sind füreinander da und bleiben auf Tuchfühlung. Unsere Vater-Tochter-Beziehung wird in diesen Stunden auf eine höhere Bewusstseinsstufe gehoben. Wir erreichen eine Ebene, die unsere Beziehung zueinander vertieft und uns scheinbar unangreifbar macht. In diesem Moment bilden wir eine untrennbare Einheit. Noch ahne ich nicht, dass ich bald schon auf eine harte Probe gestellt werde ...

Mitunter zieht Papa seine Hand weg, weil er sich strecken muss oder sich den schmerzenden Arm reibt, aber er sucht immer wieder meine körperliche Nähe. Er greift nach meiner Hand und lässt sie nicht los. Mein Vater offenbart sich in seiner ganzen Verletzlichkeit; wahrhaftiger kann man sich nicht begegnen. Zwischen uns herrscht ein absolutes Einvernehmen. Dennoch wissen wir beide, was uns bevorsteht. Das bewegt mich sehr! Irgendwann brechen bei mir alle Dämme. Ich kann meine Tränen nicht länger zurückhalten, es hat sich zu viel angestaut. Instinktiv weiß ich plötzlich ganz genau, dass es nicht mehr lange dauern wird. Wir verlieren ihn schon sehr bald – und das macht mich unsagbar traurig.

Nach einer Weile gelingt es mir, meine Gefühle wieder unter Kontrolle zu bringen. Ich trockne meine Tränen und frage meinen Vater, ob ich seinen Mund noch mal mit dem Waschlappen befeuchten soll. Er nickt. Obwohl er kaum noch spricht, versteht er genau, was ich sage. Sicherlich werden ihm auch meine Tränen nicht entgangen sein. Aber er reagiert nicht auf meinen kleinen Gefühlsausbruch. Papa braucht jetzt seine ganze Kraft für sich. Er verlangt nach Wasser. Trinkt er jetzt doch mir zuliebe oder hat er wirklich das Bedürfnis, Flüssigkeit zu sich zu nehmen? Es bleibt das einzige Mal, dass mein Vater von sich aus sagt, dass er etwas zu trinken haben möchte. Schade, dass ich keine Schnabeltasse zur Verfügung habe, denn die würde ihm die Flüssigkeitsaufnahme deutlich erleichtern. Ich reiche Papa das Wasser in einem Glas und lächele ihn an. Es sind hilflose kleine Gefälligkeiten, die nichts an der Tatsache ändern, dass der körperliche Zerfall erbarmungslos voranschreitet und das Lebensende naht.

Obwohl wir meinem Vater beistehen, muss er letztlich mit den Schmerzen und mit der Angst allein fertig werden. Dennoch ist es so viel wert, dass meine Mutter und ich bei ihm sein können. Ich bin so froh darüber! Mein lieber, gutmütiger Papa hat es so verdient, dass wir ihm Beistand leisten. Er hat so viel für uns getan, uns immer den Rücken gestärkt und die Familie zusammengehalten. Mein Vater ist ein Mensch mit ganz viel Mitgefühl und Herzenswärme und soll jetzt spüren, dass die Wärme, die von ihm ausgeht, auf ihn zurückstrahlt.

Gegen Abend wird Papa von einer noch stärkeren motorischen Unruhe erfasst. Selbst in Ruhelage ist er ständig in Bewegung und zupft nervös an sich oder an seinem Bettzeug herum. Er zittert regelrecht vor Aufregung. Es erinnert mich ein wenig an die unwillkürlichen Zuckungen, die Babys machen, weil sie noch keine Kontrolle über ihre Motorik haben. Ich möchte einen ehemals eigenständigen, erwachsenen Mann ungern mit den Gebaren eines Säuglings vergleichen und finde das auch ein wenig vermessen. Aber ich muss zugeben, dass sowohl die Hilflosigkeit als auch die Verwundbarkeit eines Menschen, der mehr und mehr an Lebenskraft verliert, ein wenig an die Anfänge eines Menschenlebens erinnert. Vielleicht liegt das daran, dass sich Menschen, die an der Schwelle zum Tod stehen, in gewisser Weise wieder mit den Anfängen des Lebens verbinden.

Ablösungsprozess

Vielleicht symbolisiert die motorische Unruhe, von der Papa erfasst wird,
die Ablösung vom irdischen Dasein.
Womöglich ist dieses hilflose Abstrampeln ein letzter Versuch,
der spürbaren Bedrohung
des endgültigen Stillstands zu entkommen.
Papa scheint hin- und hergerissen zu sein
zwischen dem Impuls bleiben zu wollen und dem Impuls zu gehen.
Er hängt zwischen den zwei Welten fest
und kann weder vor noch zurück.
Papa hat keine Kraft mehr zu leben,
aber auch noch nicht die Kraft loszulassen.
Es muss schwer sein, diesen Schritt ins Ungewisse zu wagen.
Und ich stehe als Tochter hilflos daneben
und weiß nicht, was ich tun soll.
Lieber Gott, gib mir die Kraft,
das gemeinsam mit ihm durchzustehen!

Mein Vater will sich hinsetzen und dann wieder hinlegen. Kaum liegt er wieder, möchte er sich wieder aufsetzen. So geht das in einer Tour. Er hat offenbar ein nahezu zwanghaftes Bedürfnis, seinem Bewegungsdrang nachzugeben. „Ich muss das machen", hat er in den vergangenen Tagen immer wieder gesagt, als er noch in der Lage dazu gewesen ist, sich deutlicher mitzuteilen. Jetzt ist mein Vater fast verstummt, obwohl noch so viel Leben in ihm ist. Aber er ist nur noch damit beschäftigt, eine Position zu finden, die ihm nicht so viel Unbehagen bereitet. Das Problem ist nur, dass es keine angenehme Position zu geben scheint. Egal ob er liegt, sitzt oder steht – nichts verschafft ihm Erleichterung. Papa wird seine innere Anspannung, seine diffusen Ängste und seine körperlichen Beschwerden einfach nicht los. Das kenne ich sehr gut von meinen unbehandelten Migräneanfällen. Ich kann Papas Unbehagen so gut nachempfinden und ihm dennoch dieses Elend nicht abnehmen; ich kann ihn höchstens unterstützen, indem ich ihn einfach machen lasse.

Meinem Vater wird plötzlich übel. Ich halte ihm die Schale hin, die für solche Fälle unter seinem Bett bereitsteht und stelle fest, dass der Bananenmus fast unverdaut wieder zum Vorschein kommt. Als Papa wieder einmal aufsteht, um die Toilette aufzusuchen, kann er weder vor noch zurück. Er steht auf einer Stelle und scheint vergessen zu haben, wie man ein Bein vor das andere setzt. Als würde der Befehl, einen Schritt vorwärts zu gehen, nicht mehr ausgeführt werden können, weil er das Kommando nicht versteht oder zumindest nicht mehr in die Tat umsetzen kann. Papa entschließt sich dazu, sich wieder hinzulegen. Er kapituliert vor dem Verlust seiner Fähigkeiten. Es ist so traurig, das mit anzusehen und ihm nicht helfen zu können. Wir sind am Limit! Es wird höchste Eisenbahn, dass wir etwas unternehmen!

4. Die Entscheidung fällt

Als wir außer Hörweite sind, wende ich mich an meine Mutter und sage betont langsam: „Es ist so weit, Mama, wir können das hier nicht mehr schaffen. Papa braucht ärztliche Hilfe, er muss ins Krankenhaus." Meine Mutter ist strikt dagegen. Sie klammert sich an den Termin beim Nierenfacharzt. „Es ist ja nur noch diese eine Nacht, die wir überstehen müssen", sagt sie. „Morgen früh gehen wir zum Nephrologen." „Mama, vergiss den Arzttermin, wir haben hier ein ganz anderes Problem. Wir haben alles getan, was möglich war, aber jetzt müssen wir vernünftig sein." Sie schüttelt stumm den Kopf. Ich ergreife ihre Hand. „Ich trage hier die Verantwortung für Papa und für dich und wir wissen beide nicht, was uns in dieser Nacht erwartet. Wir können das Risiko nicht eingehen. Es geht nicht mehr, Mama!" „Ich schaffe das!" sagt sie – so vehement wie unsere Bundeskanzlerin in der Flüchtlingsdebatte. „Nur noch diese eine Nacht!" Ich atme tief durch. „Und was ist, wenn Papa hinfällt? Er ist doch viel zu schwach, um sich auf den Beinen zu halten. Einen Oberschenkelhalsbruch können wir jetzt so gar nicht gebrauchen." Meine Mutter schweigt, geht zu meinem Vater ins Schlafzimmer und setzt sich zu ihm auf die Bettkante. Was soll ich nur tun? Ich treffe diese Entscheidung doch nicht zum Spaß.

Ich schleiche nach oben in die Wohnung meines Bruders und rufe heimlich meine Cousine an. Sie ist die älteste Nichte meiner Mutter. Unter Tränen schildere ich ihr die Situation. „Du musst dich da jetzt durchsetzen", sagt sie. In dem Moment geht die Tür auf und meine Mutter steht im Raum. „Es geht nicht mehr. Wir müssen die 112 anrufen", sagt Mama. Mir fällt ein Stein vom Herzen. Zum Glück sieht sie es ein und ich muss nicht mit ihr streiten.

Bevor wir die Notfallnummer wählen, erkundige ich mich im Krankenhaus danach, ob ein privates Zweibettzimmer zur Verfügung steht. Ich habe Glück und das Zimmer wird für uns bereitgehalten. Nachdem das geklärt ist, lassen wir den Rettungswagen kommen. In aller Eile packen wir die Sachen fürs Krankenhaus zusammen. Ich fühle mich, als würden wir in den Krieg ziehen. In gewisser Weise stimmt das auch: Wir ziehen gegen eine tödliche Erkrankung zu Felde und wissen bereits, dass wir diesen Kampf am Ende nicht gewinnen können. Hektisch greifen wir nach den benötigten Unterlagen: Papas Personalausweis, seine Versichertenkarte, seinen Medikamentenplan, seinen letzten Ärztebrief und seine Patientenverfügung – wichtige Dokumente, die nicht fehlen dürfen!

Der Rettungsdienst ist überraschend schnell zur Stelle. Drei junge Rettungssanitäter drängen sich ins elterliche Schlafzimmer und setzen Papa in einen Rollstuhl. Er lässt das kommentarlos über sich ergehen. Im Rettungswagen soll sein Blutdruck gemessen werden. Es gelingt erst beim dritten oder vierten Anlauf. Mein Vater ist wie ausgewechselt. Seine Unruhe ist wie weggeblasen. Das komplette Gegenteil stellt sich ein: Er hat scheinbar die Ruhe weg. Papa lässt seinen Blick im Wagen umherschweifen und macht äußerlich einen recht stabilen Eindruck – so, als könne ihn kein Wässerchen trüben. Ich bin platt! Woher kommt dieser plötzliche Auftrieb? Ist es ein innerliches Aufbäumen, um dem Sterben noch einmal Paroli zu bieten? Oder versucht mein Vater bewusst den Eindruck zu vermitteln, dass es ihm gut geht, damit die Rettungssanitäter ihn nicht mitnehmen? Oder ist es schlicht und ergreifend ein letztes Aufblühen, bevor der schnell voranschreitende Abbauprozess jede Vitalität zunichtemacht? Man könnte ewig darüber spekulieren, aber das führt zu nichts.

Der Blutdruck ist nicht so niedrig wie befürchtet. Man hat wirklich nicht das Gefühl, dass Papa Not leidet. Ich erkläre dem einen Rettungssanitäter: „Ich weiß gerade auch nicht, was los ist. Mein Vater wurde bis vor wenigen Minuten von einer starken Unruhe getrieben. Er kann kein Essen bei sich behalten und trinkt zu wenig. Außerdem hat er starke Schmerzen, die immer mal wieder einschießen. Besonders die Arme und Beine sind betroffen. Innerhalb eines Jahres hat er über dreißig Kilo abgenommen, zudem wurde eine Niereninsuffizienz der Stärke 4 festgestellt. Neuerdings hat er auch zu viele weiße Blutkörperchen und leidet unter Blutarmut. Er liegt nur noch im Bett und kann nicht mehr selbstständig gehen. Warum er jetzt auf einmal so ruhig und gelassen ist, kann ich mir auch nicht erklären." Dazu wird nichts gesagt, man nimmt es so hin. „So, dann fahren wir jetzt mal über Land", sagt der Rettungssanitäter auf dem Beifahrersitz. „Unser Krankenhaus ist überfüllt, hier können wir ihn nicht unterbringen." Ich traue meinen Ohren nicht. „Ich habe doch bereits ein Privatzimmer reserviert", sage ich. „Hier vor Ort?", will der Sanitäter wissen. „Ja!" Das ändert die Lage. Vorsichtshalber wird noch mal die telefonische Bestätigung eingeholt, dass meine Aussage stimmt, dann machen wir uns auf den Weg ins hiesige Krankenhaus. Die Fahrt kommt mir dennoch ungewöhnlich lang vor. Papa wirkt nach wie vor ganz entspannt. Ich verstehe gerade nur Bahnhof. Es wird aber auch das letzte Mal sein, dass ich ihn in einer scheinbar so guten Verfassung erlebe.

5. In der Notaufnahme des Krankenhauses

In der Notaufnahme werden wir von einem Pfleger in Empfang genommen, der meinem Vater einen Platz auf einer schmalen Liege zuweist. Der junge Mann kommt zu mir und sagt: „Also, ein Notfall ist das hier nicht. Wir nehmen ihn jetzt auf. Aber ein Notfall ist das nicht!" sagt er ein zweites Mal – als sei ich schwer von Begriff. Ich weiß nichts darauf zu erwidern. Ich brauche meine ganze Kraft für meinen Vater. Ich kann mich jetzt nicht mit dem Pfleger darüber streiten, wie krank Papa ist. Dass es gerade nicht den Anschein hat, als ob er Not leidet, weiß ich selbst. Die Geschichte geht aber noch weiter, denn der Pfleger kommt zehn Minuten später zu mir und sagt: „Also, jetzt wo ich die Blutergebnisse gesehen habe, muss ich sagen, dass er doch ein Notfall ist. Die Werte sind ja saumäßig schlecht."

Ach was? Sieh mal einer an, Du Schlauberger! Vielleicht sollte man erst einmal die Ergebnisse abwarten und sich dann ein fachmännisches Urteil erlauben!

Ich halte meinen Mund, aber ich hätte den Pfleger gerne angeschnauzt. Doch ich muss an Papa denken. Nicht, dass sie uns vernachlässigen, weil ich hier so auf den Putz haue. Wir sind total auf das Pflegepersonal angewiesen, das ist mir von Anfang an klar. Auch wenn es eine boshafte Unterstellung ist, dass nicht für alle Patienten gleicht gut gesorgt wird und Status und Sympathie eine Rolle spielen. Allein die unbegründete Angst, es könnten Unterschiede gemacht werden, reicht in solch einer emotional aufgeheizten Situation aus, dass man sich vorsieht.

Mein Vater will sich erleichtern. Der vorlaute Krankenpfleger kommt mit einer Urinflasche zu uns. Das erste Mal versorgt er Papa, weil ich mit der Situation ganz offensichtlich überfordert bin. Anschließend wird es zu meiner Aufgabe, Papa behilflich zu sein. So langsam wachse ich immer mehr rein in die Pflegeassistenz.

Es dauert nicht lange und Papas motorische Unruhe setzt wieder ein. Er fängt sogar wieder an zu sprechen und redet mich die ganze Zeit mit dem Vornamen meiner Mutter an. „Setz mich hin", sagt er, dann wieder: „Ich will mich hinlegen." Die ganze Prozedur wiederholt sich am laufenden Band; bestimmt zwanzigmal hintereinander. Vermutlich fühlt Papa sich extrem unwohl in dieser fremden Umgebung und versucht daher krampfhaft seiner Nervosität etwas entgegenzusetzen. Ich schaffe es kaum noch, meinen Vater wieder aufzurichten, geschweige denn, ihn vernünftig auf die Liege zu hieven. Es ist kein Pflegepersonal in Sicht. Ich höre aber mehrere Stimmen im Nebenraum. Irgendwann gehen bei mir die Nerven durch und ich verliere komplett die Beherrschung. Ich sinke auf die Knie. „Das geht so nicht! Warum hilft uns denn keiner?" schreie ich. Meine Stimme überschlägt sich und klingt überhaupt nicht nach mir. Nur noch nach hoffnungsloser Überlastung und Resignation. Ich bin mir selbst ein bisschen unheimlich. Niemand ist da, um uns buchstäblich unter die Arme zu greifen. Aber auch mein kurzer Zusammenbruch sorgt nicht dafür, dass uns jemand zu Hilfe eilt. Es guckt noch nicht einmal jemand kurz um die Ecke, um sich zu vergewissern, was los ist.

Vermutlich flippt hier öfter mal jemand aus, das beeindruckt niemanden mehr. Soll sie doch schreien, diese hysterische Kuh!

Ich mobilisiere all meine Kräfte und versuche mich wieder zu beruhigen. Wenn ich jetzt durchdrehe, dann kann ich mich nicht mehr um Papa kümmern, schießt es mir durch den Kopf. Außerdem will ich ihm und den anderen Patienten, die hier liegen, keine Angst machen. Das sind doch hilfsbedürftige Menschen, die alle auf ihre Notversorgung warten. Also reiße ich mich zusammen. Ich richte mich wieder auf und versuche meinem Vater bei dem Versuch zu helfen, sich wieder aufzurichten, um ihn anschließend wieder hinzulegen … Dasselbe Spiel von vorn, immer wieder. Meine Güte, ich werde hier noch bekloppt! Schließlich lässt sich eine Krankenschwester blicken, die mir ein Glas Wasser anbietet. Das ist die einzige Zuwendung, die man mir zugesteht.

Ich will nichts trinken, sondern ich bestehe darauf, dass Papa endlich geholfen wird, verdammte Axt! Wenn Papa zur Ruhe kommt, geht es mir automatisch auch wieder besser – das eine bedingt das andere. Ist das so schwer zu verstehen?

Wir verbringen geschlagene drei Stunden in der Notaufnahme. Drei Stunden, in denen es mir nicht gelingt, meinen Vater in einer Position zu halten und dafür zu sorgen, dass er sich beruhigt. Drei Stunden, die nicht vergehen wollen und in denen nichts Sinnvolles passiert. Wir warten immer nur darauf, dass irgendjemand kommt, um meinen Vater zu begutachten.

Ein junger Neurologe macht irgendwelche Fingerspiele mit Papa, um seine Reaktionsfähigkeit zu überprüfen. Das wirkt auf mich völlig absurd. Der Arzt veranlasst, dass ein CT gemacht wird. „Es ist nicht auszuschließen, dass sein schmerzverzerrtes Gesicht von einem Schlaganfall herrührt", erklärt mir der Neurologe. Da bin ich ganz anderer Meinung. Auch wenn ich Laie bin, bin ich mir relativ sicher, dass die Gesichtsverzerrung bei einem Schlaganfall ganz anders aussieht. Wieso bezweifelt der Arzt, dass Papa Schmerzen hat? Ich finde, dass man ihm das ganz deutlich anmerkt. Offenbar schießen die Schmerzen nur gelegentlich ein, weswegen er nicht in der Lage ist, mit dem Finger auf die Stelle zu deuten, die gerade wehtut. Und jetzt muss Papa noch diese ganzen Untersuchungen über sich ergehen lassen, das geht mir so gegen den Strich.

Warum lasst ihr meinen armen Papa nicht in Ruhe? Hört doch auf damit, noch so viel an ihm herumzudoktern. Das hilft ihm doch sowieso nicht mehr. Gebt ihm endlich was gegen die Schmerzen und die innere Anspannung und lasst uns endlich auf unser Zimmer. Wir haben beide Ruhe bitter nötig. Kriegt hier eigentlich niemand mit, wie schlecht es Papa geht und unter welchem Druck wir beide stehen?

Ich frage den Neurologen nach schmerzstillenden Medikamenten. Die gebe es erst nach Abschluss der Untersuchungen oben auf der Station, teilt er mir mit. Um 23 Uhr ist es dann endlich soweit. Wir sind hier fertig und dürfen unser Zimmer beziehen.

Niemand macht sich eine Vorstellung davon, wie kraftraubend es sein kann, einem Sterbenden in den letzten Lebensstunden ununterbrochen Gesellschaft zu leisten. Das zeigt sich erst, wenn man es selbst erlebt. Man kann auf keine Erfahrungswerte zurückgreifen. Ich bin nichtsahnend, ehrlich gesagt sogar ein wenig blauäugig an die Sache herangegangen. Ich muss mich auf eine Situation einstellen, die völlig neu und beängstigend für mich ist. Man stößt an die Grenze der eigenen Belastbarkeit und muss trotzdem weitermachen. Ich habe keine Wahl, muss da irgendwie durch. Die eigene Hilflosigkeit beiseiteschieben und für den geliebten todkranken Vater alles tun, was in dieser Situation noch machbar ist. Das Tragische ist, dass ein Sterbender zuletzt nicht mehr in der Lage ist, sich selbst zu äußern und sich total auf andere verlassen muss. Papa muss sein Schicksal notgedrungen in unsere Hände legen und darauf vertrauen, dass wir das Richtige tun! Ja, so ist das mit dem Sterben, alles andere als leicht und friedvoll.

6. Der Sterbeprozess schreitet voran

Als wir mit dem Fahrstuhl auf die Station fahren, fällt mir auf, dass Papas Aussehen sich verändert hat. Er hat weiblichere Gesichtszüge angenommen und sieht seiner Mutter auf einmal sehr viel ähnlicher als gewöhnlich. Zu diesem Zeitpunkt weiß ich noch nicht, dass auch die äußerliche Veränderung bereits ein typisches Merkmal des Sterbeprozesses ist. Zwei Krankenschwestern ziehen meinem Vater den Schlafanzug an. Ich bitte eine von ihnen darum, dass sie das Bettgitter hochklappt. Sie tut mir den Gefallen. Oh weh! Jetzt sitzt Papa in der Falle. Aber ich kann es nicht riskieren, dass er aufsteht und sich die Knochen bricht. Ich mache das Licht im angrenzenden Bad an und stelle sicher, dass der Lichteinfall so groß ist, dass Papa nicht in völliger Dunkelheit liegen muss und sich womöglich deswegen ängstigt. Was kann ich jetzt noch für ihn tun? Ich werfe einen Blick in sein Bett.

Mein Vater ist wieder im Dauereinsatz. Er versucht sich an dem Haltegriff hochzuziehen, der über dem Bett baumelt. Ich kann diesen Anblick kaum ertragen. Woher nimmt dieser gebrechliche Mann bloß diese Kraft? Das muss doch unglaublich anstrengend sein, was er da veranstaltet. Es ist mir unerklärlich. Ich sorge dafür, dass mein Vater nicht mehr nach dem Haltedreieck greifen kann und rede sanft auf ihn ein, fordere ihn immer wieder auf, zu schlafen. Gleichzeitig ist mir bewusst, wie unsinnig es ist, jemanden, der von Schmerzen und motorischer Unruhe betroffen ist und verständlicherweise auch von existenziellen Ängsten geplagt wird, zum Schlafen zu animieren. Es gibt hier keine Perspektive für uns, solange Papa keine entsprechenden Medikamente erhält.

Ich schnappe mir die Nachtschwester und frage nach der medikamentösen Versorgung. Sie müsse das erst mit dem Arzt abklären und käme dann zu uns, sagt sie. Eine Viertelstunde später ist es tatsächlich soweit. Mein Vater bekommt ein Medikament eingeflößt. Die Krankenschwester unterhält sich kurz mit mir. Es bleibt ihre einzige emotionale Zuwendung in dieser Nacht. Die Pflegekraft bietet mir an, mit der Sozialstation des Krankenhauses Kontakt aufzunehmen, wegen eines womöglich erforderlichen Pflegeplatzes für Papa. Das finde ich sehr nett von ihr. Noch kann ich sie ganz gut leiden.

Ich habe den Eindruck, dass das Mittel, das mein Vater bekommen hat, anschlägt und Wirkung zeigt. Er wird tatsächlich etwas ruhiger, aber bleibt dennoch ständig in Bewegung. Papa nestelt umständlich an seiner Bettdecke herum. Vermutlich sucht er immer noch nach einer Möglichkeit aufzustehen. Ich fühle mich schuldig, weil ich dafür gesorgt habe, dass ihm das nicht gelingen wird. Die Schmerzen scheinen Papa in unveränderter Weise zu piesacken. Wie kann das angehen? Ich wende mich erneut an die Nachtschwester. Ob mein Vater denn keine Schmerzmittel erhalten habe, frage ich. „Nein, nur etwas zur Beruhigung." „Aber mein Vater hat Schmerzen", sage ich. Dann müsse sie den Arzt noch einmal anrufen, denn ohne Rücksprache dürfe sie nichts verabreichen. „Dann tun Sie das bitte", sage ich mit Nachdruck und gehe zurück in unser Zimmer. „Papa, gleich gibt es etwas gegen die Schmerzen, halte durch." Ich reiche ihm die Hand. Mein Vater umklammert sie und versucht sich umständlich an meiner Hand aufzurichten. Also weiß ich mir keinen anderen Rat, als meine Hand wieder wegzuziehen. Das tut mir selbst am meisten weh. Es fühlt sich für mich an, als würde ich ihn hängenlassen. Ich fühle mich richtig mies.

Verzeih mir, Papa! Aber ich muss Dir diesen Wunsch leider abschlagen.
Du darfst das Bett nicht verlassen, das wäre einfach zu gefährlich.
Deine motorische Unruhe jagt mir entsetzliche Angst ein, ich weiß nicht, wie ich ihr begegnen soll.
Ich leide so stark mit Dir, das tut uns beiden nicht gut!
Wenn ich doch nur etwas souveräner mit der Situation umgehen könnte. Aber das, was ich hier erlebe,
überspannt den Bogen.

Ich bin wohl doch nicht so robust, wie ich dachte.
So leicht kann mich nichts erschüttern –
solange ich meine eigenen Kämpfe austragen muss.
Aber hier geht es um Dich und ums Sterben!
Das ist etwas völlig anderes.

Ich schreibe meiner Freundin A. mehrere E-Mails. Sie ist mein einziger Kontakt zur Außenwelt und spendet mir sehr viel Trost in dieser furchtbaren Nacht.

Die Krankenschwester kommt schließlich zurück. Sie richtet meinen Vater auf und setzt ihm den Becher, in dem sich das Schmerzmittel befindet, an den Mund. Wie immer gehorcht er und schluckt die Flüssigkeit mit dem Mittel anstandslos hinunter. Ich stelle mich an sein Bett und sage: „Jetzt wird alles gut, Papa. Du hast etwas gegen die Schmerzen bekommen." Ob er mich hören und meine Worte verstehen kann? Schwer zu sagen. Aber ich hoffe, dass die direkte Ansprache und meine vertraute Stimme ihm ein wenig Sicherheit vermitteln. Eine Weile später registriere ich seltsame Muskelzuckungen im Bereich seiner Schlüsselbeine. Ich frage die Schwester danach, was das zu bedeuten hat, aber erhalte keine Antwort. Sie behandelt mich mehr oder weniger wie Luft.

Innerhalb der nächsten Stunde kann ich keinen Unterschied an Papas Schmerzreaktion feststellen. Meinem Vater geht es offenbar kein bisschen besser. Das Mittel war vermutlich zu schwach dosiert. Was hat er bekommen? IBU 400? Es wird für mich immer unerträglicher, ihn so leiden zu sehen. Ich warte vergeblich darauf, dass Papa endlich ruhiger wird. Eine volle Stunde sehe und höre ich mir das an. Dann halte ich es nicht mehr aus und wanke tränenüberströmt über den Flur.

Die Pflegekraft ist nicht im Schwesternzimmer, sondern bei einem der Patienten. Ich lege meinen Kopf auf den Tresen und weine bitterlich. Es ist mir egal, ob mich jemand sieht oder hört und was andere Leute über mich denken mögen. Schließlich kehrt die Nachtschwester zurück von ihrem Einsatz. Sie ignoriert wie üblich meine Verzweiflung und unternimmt nicht den geringsten Versuch, mich zu beruhigen. „Mein Vater hat immer noch starke Schmerzen", presse ich mühsam hervor. „Er hat doch erst vor einer Stunde etwas bekommen", sagt sie. „Aber das reicht nicht aus. Er braucht ein stärkeres Schmerzmittel", schluchze ich. „Das muss ich mit dem Arzt abklären. Ich bin hier heute Nacht ganz allein auf der Station. Ich habe ja auch noch andere Patienten", sagt sie. „Bitte sprechen Sie mit dem Arzt. Meinem Vater geht es wirklich sehr schlecht." Die Dame schweigt beharrlich. Diese Distanziertheit macht mich kirre. Wir sind doch keine Roboter, sondern Menschen aus Fleisch und Blut. Wir brauchen hier keine professionelle Distanz, sondern professionelle Nähe!

Rede doch mit mir, Menschenskind!

Wer hat dieser Pflegekraft beigebracht, sich so „neutral" zu verhalten und keinerlei Mitgefühl zu zeigen? Auf mich wirkt das total abgebrüht. Ich habe den Eindruck, dass die Krankenschwester darauf gepolt ist, den direkten Kontakt zu uns auf ein Minimum zu beschränken. Vielleicht ist das purer Selbstschutz und ein deutliches Zeichen ihrer eigenen Überforderung. Aber ist es deshalb in Ordnung?

Es bedarf nicht vieler Worte, um Angehörige ein wenig aufzubauen. Ein paar freundliche Sätze, ein mitfühlender Blick, die Zusicherung, dass alles getan wird, um uns zu helfen. Wieso sagt die Schwester nicht zu mir: „Das ist sicher alles nicht leicht für Sie. Ich verspreche Ihnen, dass wir hier alles tun werden, was möglich ist, um Ihren Vater gut zu versorgen. Gehen Sie zu ihm und versuchen Sie, sich ein wenig zu beruhigen. Ich werde mich jetzt mit dem Arzt in Verbindung setzen und komme dann gleich zu Ihnen." Mehr hätte ich gar nicht hören wollen – das hätte mir vollkommen gereicht. Das ist doch wohl nicht zu viel verlangt, oder? Diese

Pflegekraft hat entweder ihren Beruf verfehlt oder steht kurz vorm Burnout, wenn sie sich nicht (mehr) in die Lage ihrer Mitmenschen hineinversetzen kann und ihr offensichtlich jede Empathie fehlt oder im Laufe der Jahre abhandengekommen ist.

Papa ist ein beliebiger Patient, zu dem hier keiner eine Beziehung hat.
Aber ICH habe eine Beziehung zu dem Mann, der hier liegt.
Das ist MEIN VATER –
ein so liebenswerter Mensch,
der es einfach nicht verdient, sich so aus dem Leben zu quälen.
Das ist herzlos!
Ihr habt doch auch Eltern und Kinder, Geschwister und Freunde.
Ihr wollt doch auch am Ende Eures Lebens in Würde sterben.
Oder sehe ich das falsch?
Ich bin ganz sicher übermüdet, unsicher und total gestresst.
Natürlich kann ich das alles nur aus meiner subjektiven Sicht betrachten.
Aber wie man es auch dreht und wendet:
Irgendwas läuft hier verkehrt, und zwar ganz gewaltig.
Jeder Mensch sollte das Recht haben, in Würde zu sterben!
Hier sind ganz offensichtlich zwei Menschen in Not
und flehen beide mit jeder Faser ihres Herzens um Beistand.
Wieso wird das komplett ignoriert?
Das begreife ich einfach nicht.
Was um alles in der Welt muss ich tun,
damit mein Vater die bestmögliche Versorgung erhält?

Mich erfasst eine hilflose, blinde Wut auf das ganze Krankenhaussystem. Ich weiß, dass wir ganz besonders in Zeiten von Corona allen Menschen, die im Gesundheitswesen arbeiten, von Herzen danken müssen. Was in systemrelevanten Betrieben und besonders auf den Intensivstationen der Krankenhäuser geleistet wird, verdient natürlich unseren Respekt und ganz viel Anerkennung und Dank. Aber zu diesem Zeitpunkt habe ich, wie so viele andere, noch nicht begriffen, dass die Corona-Welle bereits unaufhaltsam auf uns zu schwappt. Noch ahnt niemand, dass wir in wenigen Monaten weltweit beängstigende Zustände haben werden und Ärzte und Pflegekräfte, die auf der Intensivstation arbeiten, an ihre Belastungsgrenze stoßen. Ich sehe nur, wie die Situation in diesem Augenblick ist.

Ich gewinne mehr und mehr den Eindruck, dass die Lage langsam, aber sicher eskaliert. Wie teilnahmslos und abgestumpft hier gerade alle auf mich wirken. Unfassbar! Es kommt mir brutal vor, Patienten so leiden zu lassen. Die Palliativmedizin hat so gute Möglichkeiten, sodass am Ende des Lebens niemand unter dem Einfluss starker Schmerzen und innerer Unruhe sterben müsste. Ich sehe nicht ein, warum Papa sich so abrackern muss. Er schuftet sich geradewegs zu Tode! Das finde ich unmenschlich. Am liebsten würde ich alles kurz und klein hauen und die Spritze mit dem Morphin selbst aufziehen. Ich fühle mich so alleingelassen und von den Ereignissen vollkommen erschlagen. In Gedanken brülle ich das ganze Haus zusammen. Aber Aggression hilft mir an dieser Stelle nicht weiter, also zügele ich meine Wut.

Marion, reiß dich zusammen! Du darfst es dir mit dem Personal nicht verscherzen. Am Ende muss Papa es ausbaden. Ich darf hier niemanden auf die Füße treten oder beleidigen, damit mache ich alles nur noch schlimmer. Also bleibe ich lieber defensiv. Ich kann Papa nicht mehr retten. Er wird sterben – da führt kein Weg dran vorbei! Ich schiebe keine Panik, weil Papa stirbt, ich schiebe Panik, weil es ihm so dreckig geht und kaum etwas dagegen unternommen wird. Weil ich hilflos mit ansehen muss, wie er Stunde um Stunde mit dem Tode ringt. Das kann doch alles nicht wahr sein. Das ist doch nicht richtig, das geht doch so nicht. Wir haben uns doch fürs Krankenhaus entschieden, damit die Ärzte ihm die Schmerzen und die Unruhe nehmen und er optimal versorgt wird. Meines Erachtens dauert das alles viel zu lange. Ich habe Papa in den vergangenen Monaten immer wieder versprochen, dass er am Ende seines Lebens keine Schmerzen haben wird. Dass ich dafür sorge, dass er nicht

unnötig leiden muss. Ich habe ihm mein Ehrenwort gegeben,
auf ihn aufzupassen. Und jetzt sieht es so aus, dass ich dieses
Versprechen nicht einhalten kann. Das bringt mich fast um den
Verstand. Ich habe wohl den Mund zu voll genommen, denn
ich habe hier überhaupt nichts zu melden. Muss mich unterord-
nen, hinten anstellen, mich in Geduld üben. Das habe ich mir
ganz anders vorgestellt.

Da ich hier nichts weiter ausrichten kann, muss ich mich
darauf verlassen, dass die Nachtschwester sich mit dem Arzt
kurzschließt. Mit hängenden Schultern schlurfe ich zurück
in unser Zimmer. Ich setze mich auf mein Bett und blicke
stumm zu meinem Vater hinüber. Die Lage scheint unverän-
dert. Mein armer Papa! Ich kann kaum glauben, was hier geschieht. Natürlich verstehe ich, dass man in der Pflege gefühlsmäßig nicht alles an sich herankommen lassen darf.
Niemand soll mit uns mitleiden und die halbe Nacht Händ-
chen halten. Aber etwas mehr Engagement und Einfüh-
lungsvermögen kann man doch wohl erwarten.

Ich habe selbst einen sozialen Beruf ergriffen. Daher weiß
ich, wie wichtig es ist, sich emotional abgrenzen zu können.
Ich weiß aber auch, dass es notwendig ist, sich Zeit zu nehmen, präsent und empathisch zu sein und sich einzulassen,
wenn die Situation es erfordert. Die Pflegekräfte sollen die
Probleme ja nicht mit nach Hause nehmen und sich über das
Leid, das sie hier tagtäglich sehen, den Kopf zerbrechen.
Aber was spricht dagegen, sich Patienten und Angehörigen
gegenüber taktvoll zu verhalten und sich ihrer anzunehmen? Ein bisschen Fingerspitzengefühl und Warmherzigkeit
könnte das Leid sehr viel erträglicher machen. Ist das, was
ich hier erlebe, die unweigerliche Folge des Pflegenotstands?
Dass nur noch Dienst nach Vorschrift gemacht wird, man
sich Rückzugsmöglichkeiten sucht und sich auf den rein for-
malisierten Umgang mit den Patienten beschränkt? Oder ist
das ein Einzelfall und diese raue Vorgehensweise liegt lediglich an der Persönlichkeit dieser speziellen Pflegekraft? Ich

habe den Eindruck, dass wir hier nur eine zweistellige Zimmernummer sind. Dass mein Vater bestenfalls als ein spezielles Krankheitsbild wahrgenommen und gewissermaßen als Gegenstand deklariert wird. Er ist ein Fallbeispiel unter vielen und zudem ist da noch diese furchtbar anstrengende und fordernde Angehörige, die glaubt, es gehe hier nur um sie …

Ich bin Papa zu ähnlich und zu sehr von ihm beeinflusst, um ihn sich selbst zu überlassen. Das hat er mir anders beigebracht. Die Familie hält zusammen, ist immer füreinander da. Wir lassen uns nicht hängen, sondern stehen füreinander ein – und zwar so lange und so umfangreich wie nötig. Das ist Papas Grundsatz, das entspricht seinem Charakter und seiner inneren Überzeugung. Papa hat seine Familie nie im Stich gelassen! Ich kann und darf und will das auch nicht tun. Das bin ich ihm schuldig und auch mir selbst. Papa verdient es, dass ich ihn stütze, genau in diesem Moment, in dem er leider nicht mehr für sich selbst sprechen kann. Es muss einfach alles Menschenmögliche getan werden, um ihm das Leben und das Sterben zu erleichtern. Das sage ich mir immer wieder und kämpfe gleichzeitig gegen meine Ohnmachtsgefühle an.

Wie oft hat Papa zu mir gesagt: „Wenn ich könnte, würde ich dir deine Migräne abnehmen!" Und er meinte das genauso wie er es gesagt hat. Er hätte mir mein Leid abgenommen, wenn das möglich gewesen wäre. Papa konnte die Vorstellung, dass es einem seiner Kinder gesundheitlich so schlecht geht, kaum ertragen. Und jetzt am Ende seines Lebens ist es für mich kaum zu ertragen, ihn so schwach, leidend und hilflos zu sehen. Papa ist einer der wunderbarsten Menschen, die ich kenne. Er hätte sein letztes Hemd für uns gegeben. Es muss doch wohl möglich sein, ihm einen Todeskampf zu ersparen!

Das sind die Gedanken, die mir kreuz und quer durch den Kopf schießen, während ich darauf warte, dass die Nachtschwester kommt. Endlich geht die Tür auf. Die Schwester spritzt meinem Vater etwas in den Arm. Diesmal ist die Wirkung des Medikaments hoffentlich stärker und nimmt ihm die Schmerzen. „Papa, du hast jetzt ein stärkeres Schmerzmittel bekommen, das wird dir sicher helfen", sage ich zu ihm. Er reagiert nicht mehr auf das, was ich sage, ist schon eine ganze Weile nicht mehr ansprechbar. Wenn ich es recht bedenke, hat er kein Wort mehr von sich gegeben, seit wir auf dieser Station angekommen sind. Vermutlich war das der Punkt, an dem er sich aufgegeben oder vielmehr seinem Schicksal ergeben hat.

Wenige Augenblicke später fängt mein Vater an zu röcheln. Was hat das jetzt wieder zu bedeuten? Bekommt er keine Luft? Ist das jetzt das Ende? Allmählich bin ich auch kurz vorm Kollabieren! Ich nehme wieder Kontakt zu der Schwester auf. Vermutlich bin ich längst ein rotes Tuch für sie, aber das ist mir egal. Es juckt mich nicht, wenn ich ihr auf die Nerven gehe. Ich nerve solange, wie es erforderlich ist. „Ich glaube, dass mein Vater Luftnot hat", sage ich so ruhig wie möglich. Diesmal kommt eine andere Schwester in unser Zimmer. Sie wirft einen Blick auf meinen Vater und sagt: „Ich unternehme etwas", und verlässt auf der Stelle den Raum. Das Warten zieht sich scheinbar endlos in die Länge. Was passiert jetzt? Wann passiert etwas? Nicht zu wissen, was kommt und keinerlei Einfluss auf das Geschehen nehmen zu können, ist das Schlimmste in dieser Situation. Wie muss sich das erst für Papa anfühlen?

Nach circa einer Viertelstunde, in der ich selbst kaum noch einen klaren Gedanken fassen kann, kommen gleich zwei Ärzte angelaufen, um nach meinem Vater zu sehen. Endlich! Sie nehmen ihm Blut ab. Ich schaue nach, wie spät es ist: Beinahe drei Uhr morgens. Es ist der 18. Februar 2020! Dieses Datum werde ich sicher nie vergessen. Einer der Ärzte sagt zu mir, dass ich doch etwas im Flur auf und ab gehen solle. Ich gehorche. Bin so folgsam wie Papa in den letzten Monaten. Vermutlich wollen die Ärzte etwas besprechen, was ich nicht hören soll. Auf dem Flur halte ich es aber nicht lange aus, ich muss wissen, was da drinnen vor sich geht. Als ich eine Minute später wieder den Raum betrete, nimmt mich einer der Ärzte beiseite. „Hat ihr Vater eine Patientenverfügung?", fragt er mich in gebrochenem Deutsch. Ich nicke und händige sie ihm umgehend aus. Er wirft einen Blick hinein. „Können wir uns draußen kurz unterhalten?"

Der Arzt und ich gehen in den Aufenthaltsraum, der direkt an unser Zimmer angrenzt. „Sie wissen, was eine Patientenverfügung ist?" fragt er. „Ja", antworte ich. „Mein Vater möchte keine lebensverlängernden Maßnahmen erhalten." „Das heißt dann aber auch, dass wir ihn nicht reanimieren", sagt der Arzt. „Das ist mir bewusst. Mein Vater ist bereit, alles anzunehmen, was kommt, und wir sind es auch", sage ich mit erstickter Stimme. „Er soll nur keine Schmerzen mehr haben." „Dann nehmen wir ihn mit auf die Intensivstation. Wir können ihm auch noch Sauerstoff geben, damit er besser Luft kriegt und eine Infusion gegen die Dehydration." Ich nicke verwirrt. „Ja, das wäre sicher gut."

Ist das denn überhaupt sinnvoll, frage ich mich anschließend. Ich habe etwas ganz anderes darüber gelesen. Doch dann sage ich mir, dass die Ärzte schon wissen werden, was sie tun. Ich darf jetzt nicht alles infrage stellen, sonst kommen wir überhaupt nicht voran. Wie es denn mit einer Blutwäsche aussehe, will der Arzt noch von mir wissen. Das kann ich nun wirklich nicht beantworten, die Frage überfordert mich. Ich bin doch keine Expertin auf diesem Gebiet, ich kann nur mit gesundem Menschenverstand darangehen.

Wenn ihm die Dialyse hilft, soll er sie bekommen. Wenn es das Leiden unnötig in die Länge zieht und Papa innerhalb der nächsten Tage ohnehin verstirbt, sollen sie es lassen. Nur keine überflüssigen Torturen mehr!

Ich bin aber so erschöpft und müde, dass ich mein Anliegen nicht mehr formulieren kann. Ich kann beinahe nichts mehr. In dieser Hinsicht werde ich Papa auf seltsame Weise immer ähnlicher. Es ist, als würde sich sein schlechter Allgemeinzustand, seine Sprachlosigkeit und sein Kontrollverlust langsam auf mich übertragen. Ganz ehrlich? Das ist alles zu viel für mich. Mit solch einem schnell voranschreitenden und Angst einflößenden Krankheitsverlauf habe ich wahrlich nicht gerechnet. Darüber redet ja kein Mensch! Jedenfalls nicht in meiner Umgebung. All das Erschreckende und Fürchterliche, was mit dem Sterben zusammenhängt, wird in unserer ach so hochentwickelten Kultur im wahrsten Sinne des Wortes totgeschwiegen!

Wir gehen zurück in unser Zimmer. Der andere Arzt sagt: „Dann lassen wir ihn jetzt hier." „Nein!" sage ich resolut und bin mit einem Schlag hellwach. „Das kann ich nicht länger mit ansehen. Er kann nicht hier bleiben." Der Arzt, der mit mir gesprochen hat, ergreift das Wort. „Nein, wir nehmen ihn mit." Dem Himmel sei Dank! Der Arzt fragt nach meiner Handynummer und teilt mir mit, dass er anruft, sollte eine Veränderung eintreten. Okay! Wir beide wissen, was damit gemeint ist. Ich stehe da wie ein Zinnsoldat. Bin nicht einmal mehr in der Lage, an Papas Bett zu treten und von ihm Abschied zu nehmen. Es fällt mir zu schwer. Meine Angst lähmt mich. Mir kommt es so vor, als könne ich mich gar nicht mehr rühren. Vielleicht ist das ein unbewusster Schutzmechanismus, damit ich den möglicherweise letzten Blick auf meinen sterbenden Vater nicht ein Leben lang in Erinnerung behalte …

Die Ärzte schieben Papas Bett aus dem Zimmer. Die Tür geht zu. Ich bin allein. Ich setze mich langsam wieder in Bewegung, lege mich ins Bett und starre an die Zimmerdecke. Kein Laut ist zu hören. Es ist still. Endlich still!

7. Allein im Zweibettzimmer

Es tut mir leid, Papa, dass ich froh darüber bin, dass sie Dich mitgenommen haben, aber ich habe diese Ruhe so bitter nötig und hoffe, dass Du jetzt in guten Händen bist! Glaub mir, ich hätte ab diesem Zeitpunkt nicht mehr gut für Dich sorgen können. Mir wächst das alles über den Kopf. Verzeih mir, aber ich kann nicht mehr!

Niemand schaut nach mir. Aber das habe ich nach alldem, was ich hier im Krankenhaus erlebt habe, auch nicht erwartet. Schließlich bin ich auch keine Patientin, sondern nur eine Begleitperson. Um mich muss man sich nicht kümmern. Ich habe hier keinen Patientenvertrag geschlossen, sondern nur Anrecht auf eine Übernachtung in einem hübschen Zweibettzimmer mit Frühstück. Da habe ich aber eine ganz andere Arbeitsauffassung!

Die psychosoziale Betreuung der Patienten sowie der Angehörigen muss unbedingt Berücksichtigung finden – gerade in der Versorgung von Schwerstkranken. Eine rein medizinische Behandlung des Patienten ist nicht genug. Man muss ebenso seine Persönlichkeit wahrnehmen und die besonderen Umstände im Blick haben. Wer sich ausschließlich auf die medizinischen und pflegerischen Abläufe konzentriert, lässt etwas Elementares außer Acht – nämlich die Menschlichkeit! Die Bedürfnisse und die Bedürftigkeit des Einzelnen müssen wahrgenommen, in die Behandlung einbezogen werden und pflegerisches Handeln prägen. Wer die Gefühle des Patienten und der Angehörigen absichtlich übergeht, hat seinen Arbeitsauftrag nicht verstanden. Als Hilfesuchender fühlt man sich diesem technisierten Betriebsablauf vollkommen ausgeliefert. Ich weiß jetzt, warum die Hospizbewegung in Gang gekommen ist.

Meine Migräne meldet sich zurück; es wird Zeit für mein nächstes Triptan. Mechanisch drücke ich die Tablette aus dem Blister und spüle sie mit Mineralwasser hinunter. Dann lege ich mich wieder hin, als wäre nichts geschehen. Mein Medikamentenkonsum ist in den letzten Jahren enorm gestiegen und wird von mir so routiniert und selbstverständlich praktiziert wie das tägliche Zähneputzen.

Ich muss mich jetzt darauf verlassen, dass Papa geholfen wird, denn ich kann jetzt nichts mehr für ihn tun. Ich gehe davon aus, dass er endlich Morphin bekommt. Papa hat genug gelitten. Es reicht!

Ich bin so erleichtert, dass mein Vater nicht vor Schmerzen geschrien hat, das hätte ich kaum ertragen. Meine stärkste Befürchtung bestand jedoch darin, dass er anfängt zu weinen ... Es hätte mir das Herz zerrissen!

De facto kann während eines Sterbeprozesses all das vorkommen und es ist wichtig, alle Reaktionen des Sterbenden liebevoll anzunehmen und auf keinen Fall zu verurteilen oder zu ignorieren. Der Sterbende hat auch keine Erfahrung mit seinem Sterbeverlauf und befindet sich im Nervenkrieg – solange er noch bei Bewusstsein ist. Ihm steht der endgültige Abschied bevor – von allem, was ihm lieb und teuer ist. In solch einer hoffnungslosen Situation zu weinen, ist nur allzu verständlich. Es gibt wohl kaum eine tiefere Erschütterung im Leben, als seinen eigenen Sterbeprozess bewusst miterleben zu müssen.

Nebenbei bemerkt habe ich ebenfalls vor meinem Vater geweint, als wir noch zu Hause waren. In Extremsituationen liegen die Nerven blank, das lässt sich kaum verhindern und zeigt letztlich, wie stark man sich mit dem Schwerstkranken verbunden fühlt. Es kommt, wie es kommt – alles ist möglich und erlaubt. Dennoch bin ich froh, dass mein Vater nicht so emotional geworden ist wie seine Tochter. Ich hätte es sicher irgendwie verkraftet, aber ich bin froh, dass mir das erspart geblieben ist. Hoffentlich muss Papa sich jetzt vor nichts mehr fürchten, da wo er sich jetzt befindet, auf der Hightech-

Intensivstation. Ich wünsche es ihm so sehr und falte meine Hände zum Gebet.

Du darfst gehen, Papa! Ich bin bereit, wenn Du es auch bist!

Nach etwa einer Stunde, in der ich nichts tue, außer still dazuliegen und allmählich meine Fassung wiederzuerlangen, schließe ich die Augen. Ich brauche meine ganze Kraft für den bevorstehenden Tag. Es gelingt mir tatsächlich einzuschlafen. Die Nachtruhe hält nicht lange an, aber sie hat gereicht, um mich psychisch ein wenig zu stabilisieren – das bilde ich mir zumindest im ersten Moment ein. Doch kurze Zeit später erfasst mich eine ganz große Traurigkeit. Ich weine um meinen Papa wie ein kleines Kind. Nehme die Trauer um ihn schon vorweg. Endlich kann ich meinen Schmerz rauslassen. Auf Papas Gefühle brauche ich jetzt keine Rücksicht mehr zu nehmen – er kann mich nicht hören. Durch die Tränen löst sich die ganze Anspannung der letzten Stunden. Es fällt mir schwer, mich wieder abzuregen. Ich verbrauche eine halbe Packung Taschentücher, bis meine Tränen versiegen und ich leergeweint bin. Es tut so unfassbar weh, obwohl ich noch nicht einmal weiß, ob Papa schon tot ist.

Die Zeit allein im Zweibettzimmer ist vielleicht sogar die heftigste Zerreißprobe in diesem ganzen Prozess. Ich hatte die leise Hoffnung, dass es etwas leichter für mich wird, wenn ich meinen Vater in fremde Hände gebe und ich allein zurückbleibe, aber das Gegenteil ist eingetreten. Nicht zu wissen, was gerade mit Papa geschieht und ihm keinen Beistand mehr leisten zu können, macht das alles noch viel schwerer. Außerdem plagt mich ein furchtbar schlechtes Gewissen, weil sich im Ruhemodus das Gefühl breitmacht, auf ganzer Linie versagt zu haben. Mir ist durchaus bewusst, dass ich sehr streng mit mir bin, aber ich kann es nicht verhindern. Die Gewissensbisse bleiben!

Wieder und wieder habe ich die Bilder meines sterbenden Va-
ters vor Augen.
Diese motorische Unruhe, von der er erfasst wurde.
Der Körper im Aufbruch!
Papa macht sich auf den Weg
und kann doch nicht mehr schritthalten mit dem Leben.
Ein letztes Aufbäumen, ein unfassbarer Kraftakt,
der ihm alles abverlangt, was er in diesem Zustand noch auf-
bieten kann.
Wie ist es möglich, dass ein derart geschwächter Körper es
schafft, sich so anzustrengen?
Niemand hat mir gesagt, dass Sterben so schwer ist.
Wie zermürbend und bedrückend und qualvoll es sein kann
ohne eine palliativmedizinische Versorgung.
Kaum jemand spricht darüber,
wie weh das tut
und wie aufgeschmissen man sich fühlt,
wenn man danebensteht
und nicht weiß, was man tun soll.
Das muss sich dringend ändern.
Wir brauchen viel mehr Aufklärung auf diesem Gebiet.

Gegen sieben Uhr stehe ich auf und stelle mich unter die
Dusche. Das Wasser prasselt auf mich herunter. Wie gut mir
die Erfrischung tut! Erst jetzt wird mir bewusst, dass ich seit
drei Tagen in derselben Unterwäsche herumlaufe und mich
ebenso lange nicht mehr ausgiebig gewaschen habe. Es wird
höchste Zeit! Aber in der Sterbephase eines Angehörigen
vernachlässigt man sich leicht, weil man pausenlos im Einsatz ist. Ich weiß nicht, wie Menschen es schaffen, ihre Angehörigen zu Hause zu pflegen – und das manchmal über
Monate oder sogar Jahre hinweg. Ich könnte das nicht leisten. Das würde ich nicht schaffen – erst recht nicht vor dem
Hintergrund meiner eigenen Erkrankung.

Erstaunlicherweise plagt mich die Migräne in den letzten
Tagen nicht ganz so extrem wie sonst. Wahrscheinlich hat
sich ein so heftiger Hormoncocktail zusammengebraut, dass

dieser die Migräne etwas auf Abstand hält. Anders kann ich es mir nicht erklären, denn eigentlich müsste meine Migräne bei dieser Dauerbelastung doch total verrücktspielen. Auch meine Nervenschmerzen im Arm sind bisher nicht wieder aufgetreten.

Als ich mich im Spiegel betrachte, kann ich kaum glauben, was ich da sehe. Mein Spiegelbild zeigt das Gesicht einer alten, gramerfüllten Frau. Ich bin über Nacht zur Greisin geworden! Meine Augen sind total leer. Mein Gesicht ist eingefallen und grau. Richtig hässlich sehe ich aus. Man sieht mir die seelischen Strapazen der letzten Nacht deutlich an; ich wirke nahezu zwanzig Jahre älter. Erschreckend! Natürlich bin ich auch total übernächtigt, ich habe ja so gut wie nicht geschlafen. Aber mein Aussehen deckt sich durchaus mit meinem inneren Zustand. Ich ziehe mich an und telefoniere mit meiner Mutter. „Papa lebt noch, sonst hätte ich bestimmt einen Anruf erhalten", sage ich, so gefasst wie möglich, zu meiner Mutter. „Wir treffen uns nachher im Krankenhaus. Ich melde mich, wenn ich mehr weiß."

Die Tür geht auf, eine Frau kommt herein und hält mir ein Schriftstück unter die Nase. „Das ist der Vertrag für das Zweibettzimmer, das müssen Sie unterschreiben und sofort unten in der Verwaltung abgeben."

Sind hier eigentlich alle bescheuert?
Mein Vater liegt im Sterben
und Sie kommen mir mit solch einer Belanglosigkeit?
Mit einer Formalität, die ich abzuwickeln habe, und zwar sofort?
Das kann doch wohl noch etwas warten ...
Ihr bekommt Euer Geld schon, keine Sorge!
Aber mich wundert hier im Grunde nichts mehr.
War ja nicht anders zu erwarten.
Das passt genau in das Bild, das ich von diesem Betrieb hier habe.
In Anbetracht der Situation ist das ausgesprochen taktlos.

Oder weiß die Dame tatsächlich nicht, in welch einer Misere
wir gerade stecken?
Aber sie hat doch Augen im Kopf!
Die Madame sieht doch, dass in diesem Zweibettzimmer nur
noch ein Bett steht – und das sagt doch alles …

„Haben Sie schon etwas von meinem Vater gehört?",
frage ich und sehe der Frau gerade in die Augen. Ich versuche aus ihrem Gesichtsausdruck abzulesen, ob sie irgendetwas weiß. Die Dame schüttelt den Kopf. „Soll ich jemanden
schicken, der mit Ihnen spricht?" „Ja, das wäre nett." Nach
dem Frühstück frage ich auch. Das könne sie mir gleich aufs
Zimmer bringen lassen, aber nur die einfache Version, weil
ich das Komfortfrühstück nicht vorab bestellt habe …

Gute Frau, das macht gar nichts, Appetit habe ich ohnehin
nicht. Ich habe andere Sorgen, als mich mit der Qualität des
Frühstücks zu befassen, glauben Sie mir!

Einige Minuten später knabbere ich lustlos an einem kros-
sen Brötchen, trinke aber den Pott Kaffee, der mir gebracht
wurde, komplett leer. Vielleicht belebt mich das Koffein ein
wenig. Auf eine Krankenschwester, die das Gespräch mit
mir sucht, warte ich vergeblich.

Es ist wohl niemand scharf darauf, die Hiobsbotschaft zu über-
mitteln und der leicht hysterischen Tochter des neuen Intensiv-
patienten reinen Wein einzuschenken – denn die Prognose ist
sicher alles andere als gut. Als ob ich das nicht wüsste!

Aber um ehrlich zu sein: Ich bete dafür, dass Papa es zulassen kann, dass er stirbt, damit sein Martyrium ein baldiges Ende findet. Welch ein Wahnsinn, dass ich hier sitze und
mir nichts sehnlicher wünsche, als dass Papas Herz aufhört
zu schlagen. Ich hätte mir niemals vorstellen können, dass es
einmal so weit kommt. Dass ich mir seinen Tod herbeisehne,
weil wir alle am Ende unserer Kräfte sind und zu erschöpft
und zu deprimiert, um Gevatter Tod noch länger den Kampf
anzusagen. Dies ist eine Ausnahmesituation, auf die ich

nicht vorbereitet war und die man auch nicht wirklich vorsorglich für den Ernstfall durchspielen und vorweg nehmen kann. Trotzdem hätte ich gern mehr Hintergrundinformationen über das Sterben gehabt.

Die finale Phase kann unglaublich einsam, anstrengend, langwierig und schmerzvoll sein. Für den Betroffenen sowie für die Angehörigen kaum zu ertragen, solange entsprechende palliativmedizinische Hilfe ausbleibt. Man fühlt sich ohnmächtig und will einfach nur, dass die grässlichen Beschwerden aufhören, auch um den Preis, den Menschen, den man liebt, womöglich etwas früher zu verlieren. Dabei ist die weitverbreitete Meinung, dass beispielsweise Morphin die Lebenszeit verkürzt, überhaupt nicht haltbar. Menschen sterben eher durch den emotionalen Stress, dem sie ausgesetzt sind, wenn ihre Schmerzen nicht wirkungsvoll behandelt werden. Morphin ist ein absoluter Segen in der palliativen Schmerzbekämpfung. Ich muss zugeben: Zu Hause hätten wir Papa in dieser unsäglichen Nacht keine umfangreiche medizinische Versorgung bieten können. Bei aller Kritik und Enttäuschung bin ich nun doch froh, dass wir im Krankenhaus sind, das muss ich zugeben.

8. Papa auf der Intensivstation

Auf der Intensivstation erhalte ich keinen Einlass. Ich soll um 9:30 Uhr wiederkommen, dann ist Besuchszeit. Ich fahre mit dem Fahrstuhl ins Erdgeschoss und gebe ordnungsgemäß den Vertrag für das Zweibettzimmer ab. Danach gehe ich zur Sozialstation, um mich nach einer Langzeitpflege in einem Pflegeheim zu erkundigen, falls wir die überhaupt noch in Anspruch nehmen müssen ... Ich bekomme eine Liste mit Unterkünften, die ich abtelefonieren soll. Die meisten der aufgelisteten Heime befinden sich außerhalb der Stadt – in einem Umkreis von 30 Kilometern. „Es wird nicht einfach sein, einen Platz zu finden", sagt mir die freundliche Mitarbeiterin und nimmt mir damit den Wind aus den Segeln. Nun, ich kann Papa ja einfach in seinem Krankenhausbett auf die Straße schieben, denke ich zynisch. Aber die Frau von der Sozialstation kann auch nichts für diese Verhältnisse, deshalb verkneife ich mir diesen boshaften Kommentar und frage stattdessen: „Können Sie denn gar nichts für uns tun? Meine Mutter ist 77 Jahre alt und schwer herzkrank und kann die Pflege auf keinen Fall länger leisten. Ich selbst wohne in Bremen und bin voll berufstätig und mein Bruder wird die Pflege auch nicht übernehmen." „Wir können einen Eilantrag stellen", schlägt sie vor. „Ja, bitte tun Sie das, das wäre sehr hilfreich."

Als Nächstes suche ich die Krankenhausverwaltung auf, um mich darüber zu beschweren, wie wir hier von den Pflegekräften behandelt worden sind. Ich habe den vorlauten Pfleger und die wortkarge Nachtschwester im Visier. Was der eine zu viel sagt, sagt die andere zu wenig! Natürlich ist die Verwaltungsangestellte darauf geschult, mit Beschwerden dieser Art umzugehen. Bis zu einem gewissen Grad gibt die Dame mir recht, aber sie nimmt natürlich auch ihre Mitarbeiter und Mitarbeiterinnen in Schutz und verweist auf den Pflegenotstand. Aber sie nehme meine Kritik ernst und werde sie weiterleiten, verspricht sie mir. Nun gut, was immer das heißt, ich bin auf jeden Fall meinen Frust losgeworden.

Gegen 9 Uhr rufe ich meine Mutter noch mal an und sage ihr, dass sie sich auf den Weg ins Krankenhaus machen könne. Wir verabreden, dass wir uns unten im Foyer treffen. Ich räume mein Zimmer, stelle Papas und meine Reisetasche auf der Station unter und begebe mich wieder ins Erdgeschoss, um Mama in Empfang zu nehmen. Gemeinsam fahren wir mit dem Fahrstuhl in die Intensivstation. Wir müssen Schutzkleidung anziehen, damit wir meinen Vater nicht mit irgendwelchen Keimen infizieren. Ein Pfleger zeigt uns, wo er liegt und lässt uns dann erst einmal mit ihm allein. Es würde noch ein Arzt kommen, der mit uns sprechen will, sagt er, bevor er den Raum verlässt.

Papa hat eine Atemmaske über Nase und Mund und ist an Überwachungsgeräte angeschlossen. Er liegt ganz still da und atmet gleichmäßig ein und aus. Immer wieder aufs Neue ein und aus. Ich kann mich an dem friedlichen Anblick kaum sattsehen. Ich muss mich fortlaufend vergewissern, dass er nicht mehr leidet, ihm Angst und Schmerzen genommen wurden. Endlich! Ich werfe einen Blick auf seine Krankenakte, die aufgeschlagen daliegt. „Er hat Morphin bekommen, Mama. Ein Glück! Jetzt hat Papa bestimmt keine Schmerzen mehr."

Schließlich kommt der behandelnde Arzt auf uns zu. „Wie sieht es aus?", frage ich. „Nicht gut", sagt er. „Er wird es nicht schaffen." „Das haben wir uns schon gedacht. Wir sind darauf vorbereitet", sage ich. Meine Augen füllen sich wieder mit Tränen, gleichzeitig bin ich so erleichtert, dass Papa weitere Qualen und die Unterbringung in irgendeinem Pflegeheim außerhalb der Stadt erspart bleiben. Das hat er sich so gewünscht! „Wie lange wird es dauern?", frage ich. „Das kann ich Ihnen nicht sagen. Ich schätze, heute oder morgen."

Mir fällt auf, dass niemand von uns die Worte „Tod" oder „Sterben" in den Mund nimmt; diese Begriffe werden tunlichst vermieden. Wir suchen nach harmlosen Umschreibungen, um den herannahenden Tod nicht direkt beim Namen nennen zu müssen. Mir ist klar, dass dies aus Rücksichtnahme bzw. aus einem Gefühl der Beklemmung heraus geschieht, aber es zeigt auch, wie wenig das Sterben zu unserem Leben dazugehört. Wir wollen es selbst dann nicht benennen, wenn die Stunde der Wahrheit gekommen ist.

Papa stirbt – das ist jetzt Gewissheit! Er liegt bereits in den letzten Zügen und bereitet sich vor! Aber mit dem Arzt darüber zu reden fällt schwer. Menschen sterben ja auch nicht, sondern sie schlafen ein, sie kehren heim, sie verlassen uns, treten ihre letzte Reise an oder machen für immer die Augen zu. Selbst Soldaten sterben nicht im Krieg, sondern sind lediglich im Krieg geblieben. Wir wollen einander schonen – ich weiß! Aber es ändert rein gar nichts an den Tatsachen.

Der Arzt teilt uns mit, dass wir so lange, wie wir wollen, bei Papa bleiben können. Falls wir nach Hause fahren möchten, würde er uns anrufen, wenn sich sein Leben dem Ende zuneigt. Dann könnten wir in den letzten Minuten bei ihm sein. „Sie dürfen jederzeit vorbeikommen oder sich nach seinem Zustand erkundigen", sagt er noch einmal, bevor er sich von uns verabschiedet. Endlich treffen wir hier mal auf jemanden, der sich Angehörigen gegenüber taktvoll verhält. Das ist uns ein großer Trost. Wir verabschieden uns von Papa. Es könnte das letzte Mal gewesen sein, dass wir ihn lebend zu Gesicht bekommen. Ich bin so dankbar, dass ich meinen Vater noch mal so ruhig und friedlich daliegen sehe. Ich kann mich davon überzeugen, dass er jetzt nicht mehr leiden muss, was die schmerzlichen Eindrücke der letzten Nacht nicht verschwinden lässt, aber ein wenig ausgleicht.

Ich telefoniere kurz mit meiner Cousine und schildere ihr die momentane Situation. Erst haben meine Mutter und ich vor, noch im Krankenhaus zu bleiben und uns in die Cafeteria zu setzen. Aber wie lange kann es dauern, bis wir zu meinem Vater gerufen werden? Zwei Stunden? Fünf Stunden? Oder gar über zehn Stunden? Der Arzt konnte uns verständlicherweise nicht sagen, wann genau Papas Tod eintreten wird, also beschließen wir, dass wir erst einmal nach Hause fahren. Der Taxifahrer, der uns vom Krankenhaus abholt, kennt meine Eltern von diversen Fahrten und findet mitfühlende Worte.

Mama und ich sitzen im Wohnzimmer. Wir lassen unseren Tränen freien Lauf. Wir trösten uns gegenseitig und kommen immer wieder zu dem Schluss, dass es das Beste für Papa ist und wir dankbar sein müssen, dass sein Leiden nun ein baldiges Ende findet. Wir essen die Gemüsesuppe, die meine Mutter auf Vorrat gekocht hat und wollen uns ein bisschen ausruhen. Ich lege mich direkt neben Mama – auf Papas Seite des Bettes. Meine Schulter-Arm-Schmerzen melden sich zurück, aber nicht in gewohnter Stärke. Ich nehme das so zur Kenntnis. Kaum haben meine Mutter und ich unsere Unterhaltung eingestellt und die Augen geschlossen, da klingelt das Telefon. Es ist die Intensivstation. „Es ist so weit. Machen Sie sich auf den Weg!"

9. Abschied nehmen

„Man sieht die Sonne langsam untergehen
und erschrickt doch
wenn es dunkel wird"
– Franz Kafka

Die Taxifahrt zum Krankenhaus ist schnell organisiert. Aber als wir auf der Intensivstation ankommen, ist es schon zu spät: Uns wird mitgeteilt, dass Papa bereits verstorben sei! Es sei ganz schnell gegangen. Man bringt uns zu ihm. Papa liegt – ohne Atemmaske und ohne Anschluss an eine Apparatur – in seinem Bett. Um ehrlich zu sein, bin ich erleichtert, dass wir ihm nicht unmittelbar beim Sterben zusehen müssen.

Ich frage mich, ob die Geräte bis zuletzt angeschlossen bleiben. Das wäre ja entsetzlich. Wenn ich das monotone Piepen gehört hätte, wenn die Nulllinie erscheint, wäre ich vermutlich auf der Stelle zusammengebrochen.

Natürlich ist es üblich, dass die Geräte abgeschaltet werden, wenn es eindeutige Todeszeichen gibt und die Angehörigen unterwegs sind, um Abschied zu nehmen – aber etwas in mir sträubt sich, mich der Situation zu stellen. Ich bin anscheinend nicht dafür geschaffen, einem geliebten Menschen dabei zuzusehen, wenn er seinen letzten Atemzug macht, jedenfalls nicht auf einer sterilen Intensivstation mit all diesen Geräten. Mama geht das genauso. Vermutlich ahnte Papa das. Wahrscheinlich ist es kein Zufall, dass uns diese unmittelbare Konfrontation mit dem Sterben erspart geblieben ist – Papa hätte uns das sicher nicht zumuten wollen. Er kennt doch seine Bagage und weiß um unsere Dünnhäutigkeit. Außerdem schätze ich ihn auch eher so ein, dass er sich lieber unbemerkt aus dem Leben zurückzieht. Mein Vater war niemand, der gern im Mittelpunkt steht oder sich darum gerissen hätte, Aufsehen zu erregen. Er konnte Wichtigtuer und Besserwisser nicht ausstehen. Dass er allein stirbt, um uns zu schonen, entspricht seiner Persönlichkeit voll und ganz.

Papa sieht völlig unversehrt aus. Es sind – zumindest auf den ersten Blick – nicht einmal Totenflecke zu sehen. Ich würde gern seine Hand ergreifen, aber ich trau mich nicht. Habe im wahrsten Sinne des Wortes Berührungsängste. Ganz bestimmt ist sein Körper noch warm. Aber das macht es mir umso schwerer, weil Papa sich lebendig anfühlen würde, obwohl er bereits verstorben ist. Ich kann mich gerade nicht damit auseinandersetzen - also betrachte ich ihn aus einer gewissen Distanz. Papas Tod flößt mir irgendwie Respekt ein und errichtet eine Barriere zwischen uns. Vielleicht hält mich unbewusst auch der Mythos über das angebliche „Leichengift" von ihm fern. Dabei gilt es als völlig unbedenklich, Verstorbene in den ersten Tagen nach ihrem Ableben anzufassen, es sei denn, sie sind aufgrund einer tödlichen Erkrankung infektiös. An meiner Unsicherheit zeigt sich, wie weit entfernt ich davon bin, den Tod als etwas Natürliches anzusehen. Die Gegenüberstellung macht mir ganz schön zu schaffen. Es fällt mir nicht leicht, genau hinzusehen, aber es hilft mir, Papas Tod zu begreifen! Dennoch muss ich mir deutlich ins Gewissen reden und mir klarmachen, dass diese blasse Gestalt, die ich vor mir sehe, immer noch mein Vater ist und deshalb einen angemessenen Abschied verdient. Was kann ich ihm jetzt noch sagen?

Du hast es geschafft, Papa! Ruhe in Frieden! Wir lieben Dich!

Nach einer Weile trete ich nun doch etwas näher an ihn heran und höre leise Seufzer, die aus Papas Mund entweichen. Es kommt mir so vor, als würde er noch ganz schwach atmen. Das schüchtert mich noch mehr ein und wirkt sogar ziemlich verstörend. Ich schaue unwillkürlich auf seinen Oberkörper und stelle fest, dass sich der Brustkorb nicht mehr hebt und senkt. Es dauert eine ganze Weile, bis alle Funktionen und Reaktionen im Körper erloschen sind. Es kann beispielsweise noch bis zu einer halben Stunde nach Feststellung des klinischen Tods (Herz-Kreislauf-Atem-Stillstand) zu einer Schnappatmung oder zu Muskelkontraktionen kommen, wodurch der Eindruck entstehen kann, dass der geliebte Mensch noch am Leben ist. Ich hätte mir gewünscht, dass man uns im Krankenhaus darüber aufgeklärt hätte. Leider ist dies nicht geschehen.

Auf dem Ablagetisch neben Papas Bett liegen eine Rose, ein Kreuz, eine Kerze und noch einige andere Trauersymbole. Ich hätte nicht erwartet, dass hier an so etwas gedacht wird und bin angenehm überrascht. Man kann sich jedoch vorstellen, wie mechanisch und schnell die Handgriffe in einem solchen Betrieb erfolgen müssen … Zack, zack, ein Patient kommt, ein Patient geht. Die Angehörigen eines Verstorbenen können jeden Moment um die Ecke biegen, dann muss alles vorbereitet sein. Stressige Alltagsroutine! Ich will das nicht verurteilen, es ist ja nicht anders zu bewältigen, aber ich mache mir auch keine Illusion darüber, dass der getaktete Betriebsablauf im Krankenhaus wenig Spielraum lässt für Andacht und Pietät.

Es fällt mir schwer, Papas leblosen Körper zu betrachten. Es ist zum Glück ein ganz friedlicher Anblick und es ist mir ein Trost, dass er zumindest in seinen letzten Lebensstunden nicht mehr unnötig leiden musste. Aber ich kann das Bild von meinem lebendigen Papa und dieser „leeren" Körperhülle nicht zusammenbringen. Das ist so unvorstellbar und surreal, obwohl ich unmittelbar mit seinem Tod konfrontiert bin – hier und jetzt, in diesem Augenblick! Es ist auch nicht das erste Mal, dass ich einen toten Menschen sehe, aber es ist das erste Mal, dass es sich dabei um meinen Vater handelt!

Um ehrlich zu sein: Es hält mich hier nichts. Es tut mir nicht gut, mich noch länger in diesem Raum aufzuhalten und auf meinen toten Vater zu starren. Was daran zu verstehen ist, verstehe ich. Was daran unbegreiflich ist, kann auch ein längeres Verharren an seinem Totenbett nicht erklären und mir den Abschied erleichtern. Es ist wie es ist: Ich kann zu einem Leichnam keinen richtigen Bezug mehr herstellen. Der Mensch, der hier liegt, sieht schon jetzt nicht mehr wirklich wie mein Vater aus, er ist naturgemäß vom Tod gezeichnet! Es stimmt in den seltensten Fällen, dass tote Menschen so aussehen, als würden sie nur schlafen. Der Tod hat mir meinen Papa entfremdet, er hat einen ganz anderen Gesichtsausdruck. Mein Vater ist jetzt im Reich der Toten und nicht länger von dieser Welt. Dieser Unterschied ist ganz deutlich zu sehen.

Ich frage meine Mutter, ob sie noch etwas Zeit mit Papa allein verbringen möchte. Sie nickt. Mama trifft es am härtesten von uns allen, denn sie hat ihren Lebenspartner verloren. Den ersten und einzigen Mann an ihrer Seite und den Vater ihrer Kinder, von dem sie – abgesehen von einigen Krankenhausaufenthalten – in den letzten 57 Jahren noch niemals getrennt war! Ich gehe lautlos aus dem Raum und lass Mama in Ruhe Abschied nehmen. Dies ist ein ganz intimer Moment zwischen meinen Eltern, der nur den beiden gehören soll. Durch die Tür kann ich hören, dass meine Mutter mit meinem Vater spricht. Letzte Worte, direkt an ihn gerichtet, die niemanden etwas angehen. Auch mich nicht. Ich trete zurück, um nicht in ihren gemeinsamen Beziehungsraum einzudringen.

Das ist Euer Abschied. Nimm Dir Zeit, Mama! Es wird Dich später vielleicht trösten.

Sie erzählt mir anschließend, dass die Sonne durchs Fenster direkt auf Papas Gesicht schien. Mein Vater wurde angeleuchtet, ein letztes Mal von der Sonne angestrahlt. Wie schön! Am Nachmittag erfahren wir, dass es über der Stadt sogar einen schillernden Regenbogen gab. Den hat Papa sich redlich verdient!

Wir nehmen eine Tragetasche mit den persönlichen Sachen meines Vaters an uns und verlassen die Station.

Der Inhalt dieser Tasche ist alles, was wir von ihm mit nach Hause nehmen können. Was sollen wir damit anfangen? Ich will meinen Papa wiederhaben!

In der ersten halben Stunde nach seinem Tod fühle ich mich maximal wie eine Dreijährige und führe mich auch ein bisschen so auf – das gebe ich offen zu. Papas Tod anzuerkennen überfordert mich total! Egal, wie alt man ist: Wenn ein Elternteil stirbt, wird man vorübergehend wieder zu einem bedürftigen Kleinkind. Als wir im Foyer des Krankenhauses auf das Taxi warten, glaube ich Papa überall zu „sehen".

Da drüben am Eingang der Cafeteria steht ein Mann mit weißen Haaren und einem Gehstock. Er sieht meinem Papa auf den ersten Blick erstaunlich ähnlich. Aber er ist es nicht. Da kommt jemand zur Eingangstür hereinspaziert, der … Nein! Auch das ist nur ein Fremder, der gewisse äußere Merkmale mit Papa gemeinsam hat. Was ist mit dem Mann, der da drüben am Fahrstuhl steht? Nee, auch nicht mein Papa. Denn der liegt regungslos auf der Intensivstation dieses Krankenhauses und atmet nicht mehr. Schwer zu glauben, kaum zu fassen und doch eine zweifelsfreie Tatsache.

Machen wir uns nichts vor.
Es ist vorbei.
Papas Lebensreise ist zu Ende.
Endstation!
Der Eisenbahner a. D. hat seinen Zielbahnhof erreicht.
Fritz Deike ist aus dem Zug des Lebens ausgestiegen.
Wir müssen ihn zurücklassen
und ohne ihn weiterfahren ...

Am Todestag eines nahen Angehörigen hat man überhaupt keine Zeit, sich um sich selbst zu kümmern, geschweige denn, sich zurückzuziehen. Wir sind die ganze Zeit am Rotieren und stehen gleichzeitig wie der Ochs vorm Berg und müssen irgendwie mit alldem fertig werden. Man kommt kaum zum Trauern, da man sich ständig darüber Gedanken machen muss, wie die nächsten Schritte aussehen müssen. Als Erstes machen wir einen Termin mit dem Bestattungsinstitut. Dann fangen wir damit an, alle nahen Verwandten, Freunde und Nachbarn über Papas Tod in Kenntnis zu setzen. Um sicher sein zu können, dass mein Bruder sich nicht womöglich gerade auf der Skipiste befindet, informiert Mama ihn erst am Nachmittag über Papas Tod. Er fragt, ob er mit dem Zug nach Hause fahren soll. Mama findet, dass das nicht nötig sei, denn er könne hier jetzt doch nicht viel ausrichten.

Am späten Nachmittag kommt eine sehr freundliche und einfühlsame Mitarbeiterin des Bestattungsinstituts vorbei, um alle Formalitäten mit uns zu besprechen. Die Leichenschau wird natürlich im Krankenhaus vorgenommen und auch der Totenschein wird dort ausgestellt, das geschieht ganz automatisch. Aber Papa muss ja noch überführt werden, dafür ist das Bestattungsinstitut zuständig.

Meine Mutter muss Papas Personalausweis und die Police der Sterbegeldversicherung abgeben und das Stammbuch vorzeigen. Die Sterbeurkunden werden vom Bestattungsinstitut beantragt, darum müssen Mama und ich uns auch nicht kümmern. Unsere Aufgabe besteht darin, die Bestattungsregularien zu besprechen und den Text für den Trauerbrief und die Traueranzeige für die Tageszeitung auszuwählen. Ich bin entschieden gegen eine Aufbahrung in der Kapelle, zumal mein Bruder erst in ein paar Tagen aus dem Urlaub zurückkehrt. Das dauert zu lange. Ich will uns allen diesen entstellten Anblick ersparen und möchte Papa auch vor unseren Blicken schützen. Wir wollen ihn so in Erinnerung behalten, wie er war – lebendig! Ich glaube, das wäre ganz in seinem Sinn. Meine Mutter ist damit einverstanden.

Mama und ich sitzen im Wohnzimmer und reden mit der Frau vom Bestattungsunternehmen ganz selbstverständlich über Papas Beerdigung und haben ihn am Morgen noch lebend gesehen. Wie passt das zusammen? Ich habe nicht die geringste Ahnung, denn ich stehe immer noch unter dem Eindruck und Einfluss der vergangenen Nacht und fühle mich wie betäubt. Ich komme mir vor wie ein Aufziehspielzeug, das sich roboterhaft bewegt und auf alle Abläufe rein mechanisch reagiert. Irgendwie bin ich gar nicht richtig bei mir. Es ist beinahe so, als ob jemand anders für einen handelt und spricht. Mit anderen Worten: Ich fühle mich zeitweilig wie ferngesteuert.

Es ist noch ganz ungewohnt und seltsam, in der Vergangenheitsform von Papa zu sprechen. Es ist genauso befremdlich, seinen Namen in der vorbereiteten Todesanzeige zu lesen und festzustellen, dass unsere Namen darunter stehen.

Abends ertappt Mama sich dabei, dass sie beim Tischdecken auch einen Teller auf Papas Platz stellt. Natürlich, das ist routinemäßig so drin. Das hat sie fast sechs Jahrzehnte so gemacht – jeden Tag der gleiche Ablauf. Es wird Zeit brauchen, bis meine Mutter sich darauf einstellen kann, dass sie jetzt einen Einpersonenhaushalt führt und bei alltäglichen Verrichtungen für niemanden mehr mitdenken muss.

So langsam macht sich mein Schlafmangel bemerkbar. Ich bin total k. o. Mama schickt mich abends um halb neun ins Bett. „Du siehst ganz schlecht aus, Marion", sagt sie. „Du musst jetzt schlafen gehen." Ich bin tatsächlich so erledigt, dass ich auf der Stelle einschlafe.

Am nächsten Morgen fühle ich mich zum Glück etwas erholt. Ich habe von Papa geträumt! In meinem Traum liegt er auf dem Sofa im Wohnzimmer. Als wir die Tür öffnen, um nach ihm zu sehen, schlägt er die Wolldecke zurück, mit der er sich zugedeckt hat, setzt sich auf und sagt: „Schön, dass ihr da seid!" Ein beruhigender Gedanke! Der Traum tut mir gut und tröstet mich. Mein Vater ist mir im Traum erschienen, um sich zu vergewissern, dass wir alle noch da sind und freut sich darüber. Er ist nicht enttäuscht von mir, sondern einfach nur froh darüber, dass es uns gibt und wir in seiner Nähe sind. Ja, das passt zu ihm. Genau diesen Satz würde er sagen, wenn er zu uns sprechen könnte. Klar und deutlich: „Schön, dass ihr da seid!" Auffällig ist auch, dass dieser Satz an seine Aussage von Samstagmorgen erinnert. Als Papa zu mir sagte: „Gut, dass du da bist!" Meine Anwesenheit ist aufgrund einer akuten Notlage nun nicht mehr erforderlich, sondern wird als Geschenk betrachtet – ist einfach nur „schön". Danke liebes Unterbewusstsein, dass du mir diesen Traum geschickt hast – er kommt wie gerufen und entlastet mich gerade sehr.

Auch wenn Du jetzt tot bist, Papa,
so bleibt die Liebe zu Dir lebendig,
denn meine tiefe Verbundenheit mit Dir bleibt über Deinen Tod
hinaus bestehen.
Sie wird ganz sicher niemals abreißen,
denn wir sind immer noch eine Familie!
Wir leben in getrennten Räumen,
aber sind in unseren Herzen vereint.
Solange wir leben wirst Du immer bei uns sein
und unser Familienoberhaupt bleiben!
Den Platz kann Dir niemand streitig machen.

Unter Mamas wachsamen Augen schreibe ich die Trauerkarten. „The brain" kontrolliert haarscharf, ob ich alles richtig mache. Mama muss jetzt auch endlich mal zur Ruhe kommen und wieder einen vernünftigen Schlafrhythmus finden. Sie ist in den letzten Monaten und ganz besonders in den letzten Tagen so unfassbar stark und tapfer gewesen. Ich bin so stolz auf sie! Vorsichtshalber besorge ich ein Sedativum aus der Apotheke, damit Mama versorgt ist, falls sie mal einen schlechten Tag hat und etwas zur Beruhigung braucht.

Freitag fahre ich nach Bremen, um mir zu Hause frische Wäsche und ein paar neue Kleidungstücke einzupacken und in meiner Wohnung nach dem Rechten zu sehen. Ich trage seit sieben Tagen die gleiche Bluse. Unterwäsche habe ich inzwischen von Mama erhalten. In solch einer Situation ist man nicht wählerisch. Ist doch völlig egal, wie ich aussehe oder was ich darunter trage. Wer soll sich daran stören? Als ich wieder bei Mama vor der Tür stehe, erfahre ich, dass Tante Inge und Tante Ursel zu Besuch sind. Es sind erst ein paar Tage vergangen, seit sie das letzte Mal bei uns waren, aber da lebte ihr großer Bruder noch. Ich erzähle ihnen, wie es Papa und uns in den letzten Tagen seines Lebens ergangen ist. Die beiden wissen bereits aus eigener Erfahrung, wie schmerzvoll es ist, den Ehemann zu verlieren. Für Mama ist der Schmerz noch ganz frisch und unwirklich.

Samstagnachmittag bekommen wir Besuch von A. Sie hat uns Donnerstag einen wunderschönen Fleurop-Blumenstrauß schicken lassen, ganz in Weiß gehalten, in der Farbe der Ewigkeit! Es tut gut, meine Freundin zu sehen. Sie war mir im Krankenhaus eine so große Stütze, dadurch, dass wir die ganze Zeit E-Mails ausgetauscht haben.

Am späten Nachmittag kommt mein Bruder mit seiner Familie aus dem Urlaub zurück. Mein Bruder nimmt mich in den Arm und bedankt sich bei mir. Mama und ich erzählen ihm und meiner Schwägerin, was alles vorgefallen ist. Die beiden wollen abends noch mit ihren Kindern essen gehen. Erst beschließen wir, ihnen Gesellschaft zu leisten, aber Mama ist dann doch nicht danach zumute und deshalb bleibe ich auch zu Hause. Wir machen uns Abendbrot und gehen früh schlafen.

Sonntagmorgen haben wir einen Termin in der Gärtnerei. Wir müssen den Blumenschmuck für die Kapelle, das Sargbouquet und die entsprechenden Blumenkränze aussuchen. Anschließend fahren wir zum Bestattungsinstitut, um einen Sarg für Papa auszuwählen. Er hat sich einen stabilen Eichensarg gewünscht – also soll er ihn auch bekommen.

Montagnachmittag gehe ich wieder arbeiten. Ich bin noch nicht wirklich im Alltag angekommen. Alles muss weitergehen wie bisher, aber eigentlich bin ich noch nicht bereit dafür. Ich befinde mich im Grunde noch immer im Ausnahmezustand! Die Migräne quält mich nun auch wieder häufiger und setzt mir ziemlich zu. Ich hätte mir vielleicht die Tage bis zur Beerdigung freinehmen sollen. Drei Tage, in denen ich etwas Zeit gehabt hätte, mich ein wenig zu sammeln und mich auszuruhen. Hinterher ist man immer schlauer.

Papa ist mein erster Gedanke am Morgen und der letzte Gedanke vorm Einschlafen. Eigentlich ist er die ganze Zeit in meinem Kopf. Ich finde es ganz beruhigend, dass er in meinen Gedanken herumwirbelt. Ich brauche ihn jetzt in meiner Nähe. Dass ich ihn nie wiedersehe, nie mehr mit ihm sprechen kann, das kann ich noch nicht realisieren. Noch überwiegt die Erleichterung darüber, dass er nicht mehr leiden muss.

Immer wieder schwirren die aufwühlenden Erlebnisse der letzten Tage durch meinen Kopf. Diese intensive, hochemotionale Zeit der Sterbebegleitung. Eine Zeit, die sehr viel berührende und tröstliche Erinnerungen beinhaltet, aber mich für allezeit auch an die grauenvollste, anstrengendste und längste Nacht meines Lebens erinnern wird. Ich wünsche eine solch schmerzliche Erfahrung niemandem und gleichzeitig möchte ich sie auf keinen Fall missen. Das klingt paradox, ich weiß und das ist es auch.

Ich bin so dankbar, dass ich Papa begleiten durfte, dass er meine Unterstützung angenommen hat und ich ihm zumindest zeitweilig Linderung verschaffen konnte. Ich bin mir sicher, dass bei allem Groll, den ich dem Krankenhaus und mir selbst gegenüber hege, Papa absolut zufrieden mit Mama und mir wäre. Wenn er die Möglichkeit dazu hätte, würde er mich trösten und zu mir sagen:

„Es tut mir leid, dass du meinetwegen so viel über dich ergehen lassen musstest. Ich hätte dir das so gern erspart. Du hast alles getan, was du konntest, Marion. Es gibt keinen Grund, sich Vorwürfe zu machen. Du hast dir so viel Mühe mit mir gegeben. Ich danke dir dafür."

So, wie ich Papa kenne, hätte er gesagt, dass es einfach unmöglich ist, einem Sterbenden all sein Leid abzunehmen. Er hätte zugegeben, dass das Sterben nicht leicht ist, aber zum Leben nun einmal dazugehört. Dass er bereit war, das alles auf sich zu nehmen. Papa hätte mir erklärt, dass man von keinem Menschen verlangen kann, dass er alles weiß und alles perfekt macht. Einfach da sein und bereit sein, das unausweichliche Sterben zuzulassen, wenn es so weit ist. Das ist mehr als genug! Er hätte zu mir gesagt:

„Es ist doch recht schnell gegangen. Quäle dich nicht mit dem Gedanken, was hätte besser laufen können. Du wusstest auch nicht, was auf dich zukommt, genauso wenig wie ich. Wir haben das doch gut gedeichselt. Und die Ärzte haben mich auch gut versorgt. Ich hatte zum Schluss keine Schmerzen mehr. Mehr kann man nicht verlangen."

Falls ich dann immer noch mit mir gehadert hätte, dann hätte Papa mit Sicherheit seine Stimme erhoben und gesagt:

„Marion, jetzt hör aber auf! Es ist alles gut, so wie es ist. Ich wollte und konnte nicht mehr. Ich habe mir gewünscht, dass ich endlich gehen darf, das weißt du doch."

„Ich bin achtzig Jahre alt geworden. Ich hatte ein schönes Leben. Ich bin zufrieden!"

Auch wenn seine vorherige „Aussage" frei erfunden ist: Die letzten drei Sätze sind Originalzitate von meinem Vater. Das war so typisch für ihn. Papa war dankbar für sein Leben, immer zufrieden mit dem, was er hatte. Ganz wie sein eigener Vater!

Donnerstag ist Papas Beerdigung! Die kleine Dorfkapelle ist total überfüllt. Nicht alle Trauergäste haben einen Sitzplatz, einige stehen vor der Tür. Wir sind überwältigt von der Anteilnahme und den vielen Beileidsbekundungen und Trauerkarten, die inzwischen eingetroffen sind. Papa war sehr beliebt! Sowohl in der Verwandtschaft als auch in der Nachbarschaft, unter Kollegen und im Freundeskreis. Der Pastor hält eine sehr schöne Trauerrede, bei der Papas Persönlichkeit und seine liebenswerten Eigenschaften deutlich zum Ausdruck kommen. Mama findet das auch und ist sehr dankbar für die einfühlsam gewählten Worte mit hohem Wiedererkennungswert.

Der Gang zum Grab ist schwer. Zu sehen, wie Papas Sarg in die Gruft abgesenkt wird, noch schwerer. Mama und ich stehen beisammen und streuen rote Rosenblüten auf den Sarg. Mein Bruder und seine Frau stehen direkt hinter uns. Jetzt wird Papas Tod für uns alle fassbarer und zu einer unumkehrbaren Tatsache. Wir müssen ihn an Mutter Erde zurückgeben. Erde zu Erde, Asche zu Asche, Staub zu Staub!

Danke für alles, Papa! Du warst ein ganz toller Mensch und wirst uns allen sehr fehlen!

10. Die erste Trauerphase

Ich habe ein sehr starkes Bedürfnis, über den Tod meines Vaters zu sprechen, aber die wenigsten scheinen interessiert daran zu sein, was ich zu sagen habe. Am Grab eines geliebten Menschen tun sich Gräben auf! Das, was man immer liest und hört, betrifft auch mich. Ich bin mit meiner Trauer ziemlich allein und fühle mich mitunter sehr einsam. Aber meine

Mutter und ich telefonieren jeden Abend und stützen einander. Das tut uns beiden gut.

Ich mache die Erfahrung, dass selbst die Menschen, mit denen ich seit vielen Jahren befreundet bin, anscheinend nicht auf die Idee kommen, mir ein wenig Gesellschaft zu leisten. Sie scheinen selbst zu belastet oder zu beschäftigt zu sein. Zu beschäftigt, um einen Kaffee mit mir zu trinken? Ernsthaft? Irgendwas läuft in unserer Gesellschaft verkehrt, wenn kaum noch jemand bereit ist, sich ein wenig Zeit zu nehmen, um einem Menschen, der gerade einen starken Verlust erlitten hat, einen Kondolenzbesuch abzustatten.

In früheren Zeiten haben die Menschen in Gemeinschaft gelebt und auch gemeinsam getrauert. Die Nachbarn haben ganz selbstverständlich das Kochen übernommen. Es war immer jemand da, der die Trauernden unterstützt und seine Hilfe anbietet. Die Toten wurden zu Hause aufgebahrt und jeder, der wollte, konnte Abschied nehmen. Die Sterbe- und Trauerbegleitung war eine geteilte Erfahrung, die einfach zum Leben dazugehört. Heute trauert jeder für sich allein. Man erwartet wenig von anderen und bietet selbst auch wenig Unterstützung an. Das ist der Trend. In der Großstadt ist das zumeist extremer als auf dem Land. Man bleibt größtenteils sich selbst überlassen und wird besonders in der Anfangszeit gemieden, als habe man eine ansteckende Krankheit. Ich finde diese Entwicklung bestürzend.

Zu Zeiten von Corona ist das wiederum verständlich – man muss ja notgedrungen Abstand halten –, aber die Wenigsten machen sich zu diesem Zeitpunkt schon Gedanken darüber, dass sich das Virus über den ganzen Globus verteilen könnte. Das scheint alles noch ganz weit weg zu sein …

Natürlich hat jeder Mensch das Recht, über seine Zeit zu bestimmen und auch darüber zu entscheiden, wie viel Nähe man zulassen möchte und wie viel Unterstützung man bereit ist zu geben. Mir ist klar, dass viele Menschen sich auch unsicher fühlen und Angst haben, mit der Trauer einer anderen Person konfrontiert zu sein. Sie wissen nicht, wie sie trauernden Menschen begegnen sollen, haben die Befürchtung, nicht die richtigen Worte zu finden oder fühlen sich vielleicht unwohl bei der Vorstellung, dass man in ihrer Nähe in Tränen ausbrechen könnte. Unter Umständen werden sie auch zu sehr an einen bereits erlittenen und unverarbeiteten Verlust erinnert. Womöglich haben sie Angst um ihre Angehörigen oder ihren eigenen Tod vor Augen. Aber wenn diese Befürchtungen dahinterstecken, dann könnte ich besser damit umgehen, wenn diese Ängste direkt angesprochen werden. Dann hätte ich vielleicht mehr Verständnis. Aber einfach so darüber hinwegzugehen finde ich ganz merkwürdig.

Was mir im Moment am meisten fehlt, ist körperliche Nähe. Ich würde mir wirklich wünschen, liebevoll umarmt zu werden. Aber nicht so wie bei einer flüchtigen Begrüßung. Ich möchte richtig im Arm gehalten werden, und zwar so lange, bis ich sage, dass es genug ist. Ich möchte mich einfach mal fallenlassen. Andererseits gibt es auch nicht viele Menschen, die ich so nah an mich heranlassen kann. Aber diejenigen, die dafür infrage kommen, bieten sich nicht an.

Ein paar liebe Menschen rufen mich natürlich an oder schreiben mir tröstende WhatsApp-Nachrichten – aber das ist kein Ersatz für reale Begegnungen! Schließlich fragen mich doch einige Freundinnen, ob wir uns sehen wollen. Allerdings muss ich zugeben, dass ich auch das eine oder andere geplante Treffen spontan absage, weil mir plötzlich alles zu viel wird oder ich an dem vereinbarten Tag total k. o. bin. Aber wir kriegen es auch nicht hin, einen zeitnahen Ersatztermin zu finden. Ich bekomme während der ersten Wochen praktisch überhaupt keinen Besuch. Das hätte ich mir anders gewünscht.

Auch die Angehörigen Schwerkranker brauchen in der Phase der Sterbebegleitung und besonders in der ersten Trauerphase mehr denn je menschliche Zuwendung und vor allem ein offenes Ohr. Der persönliche Kontakt zu meinen Freundinnen ist in den letzten Monaten sicher zu kurz gekommen. Ich bin fast jedes Wochenende zu meinen Eltern gefahren oder war wegen einer Medikamentenpause außer Gefecht gesetzt. Habe ich meine Kontakte vielleicht zu sehr schleifen lassen, sodass ich mich jetzt nicht darüber wundern darf, wenn ich zu kurz komme? Aber ich glaube eigentlich nicht, dass das der springende Punkt ist. Zeit ist einfach Mangelware geworden in unserer schnelllebigen Zeit! Jede Spontanität geht verloren. Dabei gibt es nichts Wertvolleres als sich für sich selbst und für andere Menschen ausreichend Zeit zu nehmen. Soziale Kontakte zu pflegen ist im Grunde die beste Wertanlage für ein erfolgreiches Leben! Wieso investieren wir also nicht mehr Zeit in zwischenmenschliche Beziehungen? Stattdessen investieren Menschen lieber in Aktien! Sie scheffeln Geld, das sie keineswegs glücklicher macht, stecken ihre Kraft in Arbeitsprozesse, die ihnen keinen Spaß machen und hetzen von Termin zu Termin. Bei dem Versuch, ständig Zeit einzusparen, merken sie nicht, dass sie dadurch immer mehr kostbare Lebenszeit verlieren. Am Ende wundern sie sich dann, dass sie allein dastehen ... Aber obwohl ich diese Zusammenhänge erkannt habe und mir Freundschaften immer schon sehr wichtig waren, fühle ich mich gerade auch ziemlich isoliert. Also stimmt mit meiner „sozialen Absicherung" auch etwas nicht. Ich werde mir darüber Gedanken machen müssen.

Ich wünsche mir – gerade jetzt – ein wenig Gesellschaft und Mitgefühl. Wenigstens ein oder zwei liebe Menschen um mich herum, bei denen ich auch mal Schwäche zeigen darf, die mir zuhören und mich in dieser schwierigen Zeit so annehmen, wie ich bin.

A. ist die einzige Freundin, die mich in dieser ersten intensiven Trauerphase auf die Weise tröstet und begleitet, wie ich es mir wünsche. Nur die Sache mit dem Körperkontakt kann ich mir abschminken, wegen der aufkommenden Corona-Krise. Da bleibt A. eisern. Kuscheln ist nicht drin in diesen Zeiten, was ja durchaus verständlich und vernünftig ist. Aber das macht nichts, denn meine Freundin ist immer für mich da, wenn ich sie brauche und steht mir bei, so gut sie kann. Leider lebt sie nicht in Bremen.

Am Freitag nach der Beerdigung kümmere ich mich um die eingegangenen Trauerkarten. Ich schreibe die Namen derjenigen auf, die ihr Beileid bekundet haben und mache mir Notizen über die Geldgeschenke, die Blumenkränze, Gestecke und Blumensträuße. Das Geld zahlen meine Schwägerin und ich noch am selben Tag auf Mamas Konto ein. Danach fahren wir mit Mama ans Grab. Die Sonne blitzt durch die Wolkendecke. Wir nutzen die besseren Lichtverhältnisse und machen schnell ein paar schöne Fotos von den vielen Kränzen, die Papa gewidmet sind. Der Besuch am Grab fällt mir nicht so schwer, denn irgendwie kann ich auch die geschmückte Grabstätte noch nicht wirklich mit Papa in Verbindung bringen.

Samstag fahre ich zu A. Ich brauche eine kleine Familien-Auszeit. Ich bin froh, dass ich mir selbst auch etwas Gutes tun kann und gerade einmal nichts organisieren muss. Natürlich ist klar, worüber wir reden. Der Vater meiner Freundin litt auch an einer Niereninsuffizienz, ist letztendlich an multiplem Organversagen auf der Intensivstation desselben Krankenhauses verstorben und liegt nur wenige Meter von Papa entfernt auf dem Friedhof unseres Heimatdorfes. Allerdings war ihr Vater zum Zeitpunkt seines Todes noch um einiges jünger – noch keine siebzig Jahre alt. Meine Freundin und ich unterhalten uns intensiv über unsere Väter und ihr Sterben. Jetzt, da ich selbst betroffen bin, hören sich die Berichte von A. für mich noch mal ganz anders an, denn ich bin jetzt viel näher dran und weiß nun, wie es sich anfühlt, den eigenen Vater zu verlieren. Am nächsten Morgen reden wir auch über allgemeine Themen. Ich muss mich langsam auch wieder anderen Gesprächsthemen und Aufgaben zuwenden. Schritt für Schritt wird mir das gelingen. Gegen Mittag fahre ich wieder zurück nach Bremen und setze mich vor den Fernseher, um auf andere Gedanken zu kommen. Ich lasse mich einfach nur berieseln.

Montag und Dienstag sind ganz normale Arbeitstage. Ich bin einigermaßen gefasst und kann ganz gut funktionieren, aber ich bin auch oft abwesend. Bei allem, was ich denke, rede und tue, steht Papa im Zentrum meiner Aufmerksamkeit. Immer und immer wieder gehe ich gedanklich die Abläufe zu Hause und im Krankenhaus durch. Erinnere ich mich an all das, was gesagt, getan und unterlassen wurde. Mir wird bewusst, dass die Nacht im Krankenhaus ein regelrecht traumatisierendes Erlebnis für mich war und ich das alles erst einmal psychisch verkraften muss.

In der Nacht von Dienstag auf Mittwoch komme ich nicht zur Ruhe. Ich wälze mich die ganze Zeit im Bett hin und her und schlafe erst eine Stunde vorm Weckerklingeln ein. Am Arbeitsplatz angekommen, wird mir schnell klar, dass ich nach Hause ins Bett gehöre, denn ich bin völlig überdreht. Ich schreibe einen Brief an meinen Kollegen und an meinen Chef, spreche kurz mit meiner Kollegin aus der Verwaltung, erledige noch die nötigsten Handgriffe und verabschiede mich dann.

Ich lasse mich für drei Tage krankschreiben. Nach dem Arztbesuch lege ich mich ins Bett und schlafe bis 19 Uhr durch. In der Nacht schlafe ich weitere acht Stunden und kann den Schlaf, der mir fehlte, dadurch nachholen. Ich erhalte eine ganz liebe Nachricht von meiner Kollegin Angelika. Sie bietet mir an vorbeizukommen, was ich total lieb finde. Aber im Moment will ich mich ganz auf Papa und auf mich konzentrieren. Dennoch tut es gut, dass so langsam das große Schweigen gebrochen wird und ich nach und nach die eine oder andere Nachricht mit dem Angebot eines Treffens erhalte.

Donnerstag und Freitag mache ich mir Notizen. Notizen über die letzten Tage in Papas Leben. Ich muss den Kopf frei kriegen und Platz schaffen für alles, was jetzt auf mich zukommt.

Am Wochenende fahre ich wieder zu meiner Mutter. Sie bittet mich darum, ihr dabei zu helfen, Papas Kleidung zusammenzupacken. Sie möchte alles an eine Hilfsorganisation der Kirche spenden.

Die Auflösung des gesamten Hausrats ist zweifellos eine der schwersten Aufgaben, die nach dem Tod eines Angehörigen zu erledigen sind. Wir müssen zum Glück nur Papas Kleidung weggeben, aber auch das ist ein schwieriges Vorhaben. Einige Lieblingsstücke sind so eng mit ihm verknüpft, dass es wehtut, sich davon zu trennen. Aber man kann nicht alles aufheben und es fällt einem nicht unbedingt leichter, wenn man erst einige Monate verstreichen lässt, bevor man sich daran macht. Mama ist aufgrund ihrer pragmatischen Veranlagung in diesen Dingen eh recht unsentimental. Ich tue mich damit schwerer, sehe aber ein, dass wir uns mit diesem Anliegen notgedrungen befassen müssen. Die nächste Kleidersammlung ist erst in einem halben Jahr. Ob es leichter zu ertragen ist, wenn noch überall Papas Sachen herumhängen? Wohl kaum! Unangenehm ist es immer, ob wir uns jetzt davon trennen oder später. Aber wenn wir es jetzt erledigen, haben wir wieder eine schwere Aufgabe hinter uns gebracht und das ist in jedem Fall zu begrüßen.

Nach dem Mittagsschlaf machen wir uns an die Arbeit. Mama hält die Plastiksäcke auf und ich stopfe die Kleidungsstücke ziemlich wahllos hinein. Hosen, Pullover, Anzüge, Hemden, Jacken, Mäntel, Hüte, Unterwäsche, Strümpfe, Schlafanzüge, Krawatten – einfach alles. Die komplette Garderobe. Wie brutal mir das vorkommt. Es hat etwas von einer Plünderung …

Nur nicht darüber nachdenken, keine Emotionen hochkommen lassen, stark bleiben – Mama zuliebe!

Es geht so lange gut, bis mir Papas anthrazitfarbene Jack-Wolfskin-Jacke in die Hände fällt. Die hat er in den letzten Monaten immer über dem Hemd oder dem Pullover getragen, denn ihm war ständig kalt. Mir geht ein Schauer durch den ganzen Körper. Ich stehe da mit der Jacke in den Händen und schaffe es nicht, sie in den Plastiksack zu stecken. Es kommt mir wie ein Verrat an meinem Vater vor. Ich schäme mich und bringe es nicht übers Herz, sie wegzutun. Es fühlt sich für mich so an, als müsste ich Papas Sachen gegen alles Weltliche und jede Vernunft verteidigen. Die Jacke hat meinem Vater in den letzten Monaten seines Lebens gute Dienste geleistet, ihn gewärmt und eingehüllt und ihn wie eine zweite Haut umgeben. Aber eins ist klar: Er braucht sie jetzt nicht mehr …

Jeder Besitz ist letztlich nicht mehr als eine Leihgabe auf Lebenszeit! Wir können nichts mitnehmen, es bleibt alles hier. Ich drücke Papas Jacke hilflos an mich und kann mir meine Tränen nicht länger verkneifen. Natürlich fängt Mama auch an zu weinen, als sie mich schluchzend, in gebückter Körperhaltung und ein wenig verloren vor dem Kleiderschrank stehen sieht. Nach einer Weile wische ich mir mit dem Handrücken die Tränen aus dem Gesicht und sage: „Wir beruhigen uns jetzt. Lass uns weitermachen." Am Ende sind es über zehn Säcke, die wir im Hausflur zum Abtransport bereitstellen.

Sonntagmorgen findet das Abkündigen in der Kirche statt. Mein Bruder fährt mit Mama und mir zum Gottesdienst. Wir treffen uns dort mit Papas Schwestern Inge und Ursel. Als Papas Name fällt, geht ein Schniefen durch unsere Kirchenbank. Taschentücher werden gezückt. Blanke Gewissheit trifft auf schiere Ungläubigkeit! Wir können es immer noch nicht fassen.

Nach dem Gottesdienst fahren wir noch zum Friedhof und auf einen Kurzbesuch zu Marlies. Sie ist die Frau von Papas vor langer Zeit verstorbenem Cousin und die Schwiegertochter von meiner Großtante Mimi. Anschließend gehen meine beiden Tanten, Mama und ich zum Griechen und tun etwas für unser leibliches Wohl. Noch sind alle Restaurants geöffnet und es ist für uns auch noch nicht abzusehen, dass sie bald schließen. Morgen ist Papas Geburtstag! Der 9. März! Da lasse ich meine Mutter natürlich nicht allein, ich habe mir den Tag freigenommen. Wir verabreden uns mit Tante Inge und Tante Ursel zum Frühstück.

An Papas Geburtstag kommt meine Cousine um 9:30 Uhr zu Besuch. Sie hat mir in Papas letzten beiden Lebenstagen beigestanden. Später treffen Mama und ich uns wieder mit meinen beiden Tanten, Papas Schwestern. Kurzentschlossen disponieren wir um. Wir gehen nicht wie geplant frühstücken, sondern verabreden uns zum Mittagessen in einem Bistro ganz in der Nähe. Mama verliert beim Essen ihre Zahnbrücke, also ist ein Zahnarztbesuch noch am selben Tag unumgänglich. Das hat uns gerade noch gefehlt! Wir ergattern einen Termin um 14:30 Uhr. Zum Glück gelingt es dem Arzt, die Brücke wieder vernünftig zu befestigen. Mein Neffe und ich bringen die Kleiderspende weg und sind froh, als wir das hinter uns haben.

Ich schaue mir mit Mama Videos an, die wir 2013 in dem Pflegeheim, in dem meine Oma zuletzt gelebt hat, aufgenommen haben. In einigen Ausschnitten sehen wir Oma, wie sie mit ihrer ältesten Tochter und ihrem Schwiegersohn plaudert. Alle drei Personen, die auf dem Video zu sehen sind, leben nun nicht mehr. Mama blickt auf ihre Mutter, ihre älteste Schwester und ihren Mann. Ich dementsprechend auf meine Oma, meine Patentante und meinen Papa. Alle drei sind innerhalb der letzten sechs Jahre verstorben. Alle drei Jahre eine enge Bezugsperson weniger! Ich bin froh, dass uns der Schmerz bei Papas Anblick nicht überwältigt. Mama und ich können sogar über die Filmaufnahmen schmunzeln. Ich konnte ganz schlecht einschätzen, wie schwer oder leicht es mir fallen würde, Videoaufnahmen von ihm zu betrachten. Mir tut es gut, ihn „lebendig" vor mir zu sehen und ich bin so froh darüber, dass wir diese Aufnahmen haben und jederzeit anschauen können. Auf diese Weise holen wir Papa ein Stück ins Diesseits zurück; wenn auch nur virtuell.

Die Medien berichten immer häufiger und eindringlicher über Covid-19. Das Coronavirus, das sich zunächst in China ausgebreitet hat, beginnt sich schleichend auf alle Länder dieser Welt zu verteilen. Wo soll das noch hinführen?

Da wir befürchten, dass es Ausfälle und Verspätungen im Zugverkehr geben könnte, beschließe ich, eher zurück nach Bremen zu fahren als ursprünglich geplant. „Du hast alles für Papa und mich getan, was du konntest, Marion. Jetzt musst du an dich und deine Gesundheit denken", sagt meine Mutter zu mir. Wir nehmen uns ein letztes Mal in den Arm und wissen nicht, wann wir uns das nächste Mal wiedersehen. Beim Abschied kullern Mama ein paar Tränen über die Wangen …

11. Ein Leben ohne Vater

In meinem Lebensalltag ändert sich zunächst einmal nicht allzu viel. Dass mein Vater fehlt, ist in meinen eigenen vier Wänden nicht spürbar – nur in meinem Herzen! Ich bemerke den Verlust viel deutlicher, wenn ich zu meiner Mutter fahre. Zum einen bin ich dann mit ihrem Verlust konfrontiert, zum anderen fehlt mein Papa dort viel offensichtlicher und in jedem Winkel meines Elternhauses. Sein Lieblingssessel ist leer oder wird von anderen Personen besetzt. Am Küchentisch bleibt immer ein Platz frei. In seinem Bett schlafe ich, wenn ich bei Mama übernachte. Manchmal redet sie mich aus Gewohnheit mit seinem Namen an … Ich weiß, dass es für Mama noch viel schwerer sein muss als für alle anderen, aber die Lücke, die Papa hinterlässt, ist auch für mich sehr groß.

1967 hat mein Leben begonnen. Meine Eltern gaben mir Heimat, ein Zuhause und Nestwärme. Eltern sorgen im besten Falle dafür, dass wir Wurzeln schlagen und uns Flügel wachsen und lieben uns bedingungslos. Ich zumindest hatte dieses Glück! Meine Mutter und mein Vater boten mir immer Zuflucht – in jeder schwierigen Lebenssituation. Sie waren die Konstante in meinem Leben, auf die immer Verlass war. Mein Elternhaus stellt für mich selbst heute noch einen Rückzugsort dar. Es ist der sichere Hafen, an dem ich mich ausruhen und innerlich auftanken kann. Die Familienzentrale! Aber nun ist die eine Hälfte dieser verlässlichen Einheit nicht mehr da. Dennoch nehme ich Papas sanftes Naturell, seine Beständigkeit, seine Leichtigkeit, seinen Sinn für Humor, seine wohlmeinenden, klugen Ratschläge und Lebensweisheiten mit auf meine weitere Lebensreise. Zumindest werde ich versuchen, ihm nachzueifern, denn Papa ist damit allemal ganz gut gefahren.

In den ersten Wochen nach Papas Tod ist es fast ausschließlich der sterbenskranke, völlig entkräftete Mann, an den ich immer wieder denken muss. Doch nach und nach setzt mein Vater sich vor meinem geistigen Auge wieder zu einem Gesamtbild zusammen. In meiner Vorstellung verwandelt er sich mehr und mehr in den aktiven, lebenslustigen Menschen zurück, der er die meiste Zeit seines Lebens gewesen war, denn vor Ausbruch seiner Krankheit war Papa zupackend, gesprächig, optimistisch und humorvoll. Da verkörperte er noch all das, was ihm aufgrund seiner gesundheitlichen Probleme immer mehr abhandengekommen ist. Dieser ganzheitliche Rundumblick stellt eine Würdigung seines vollständigen Lebens dar und führt mir die Persönlichkeit vor Augen, die meinen Vater ausgemacht hat.

Ich begebe mich auf eine mentale Zeitreise. Mein Vater tritt in allen Facetten und verschiedenen Lebensphasen in

Erscheinung. Da gibt es die Erlebnisse aus seiner Kindheit und Jugend, die ich nur aus Erzählungen kenne. Ich habe eine vage, aber sehr schöne Erinnerung daran, wie er mit uns Kindern spielt, mich als Kleinkind Huckepack trägt, mir Märchen erzählt und mir die große, weite Welt erklärt. Seit der Zeit der Einschulung kann ich mich deutlicher zurückerinnern. Ich muss an die vielen Male denken, in denen wir zusammen einkaufen gefahren und im Wald spazieren gegangen sind, gemeinsam um dem Küchentisch herum saßen oder Pilze sammeln waren. Die vielen Ausflüge und Urlaube und die unzähligen Gespräche über Gott und die Welt. Auch die Familienfeiern und Besuche bei Verwandten sind mir in lebhafter Erinnerung. Diskussionen, Streitgespräche und trostreiche Unterhaltungen mit ihm kommen mir zu Bewusstsein. Das selbstverständliche Ankuscheln auf dem Zweiersessel im Wohnzimmer. Den Kopf schräg an Papas Kiepe (Bauch) zu lehnen, während die Beine locker über die Sessellehne baumeln und dann gemeinsam fernsehen und mitunter dabei Kartoffelchips knabbern. Herrlich! Dieses „Ritual" zählt zu meinen liebsten Erinnerungen! Ich habe immer wieder Papas körperliche Nähe gesucht, und er hat mich nie zurückgewiesen. Mein Vater hatte nie irgendwelche Berührungsängste, nicht die geringste Hemmschwelle oder gar Abneigung gegenüber Körperkontakt zu seinen liebsten Menschen. Das ist eher ungewöhnlich für seine Generation. Aber so war mein Papa – in vielerlei Hinsicht ein ganz ungewöhnlicher Mann!

Mit Anfang zwanzig bin ich von zu Hause ausgezogen. Papas „kleines" Mädchen verlässt das heimische Nest. Wird flügge! Gar nicht so einfach für ihn. Er fühlt sich ein bisschen von mir verlassen, vermisst das Nesthäkchen. Papa braucht etwas Zeit, um sich daran zu gewöhnen, dass ich von nun an mein eigenes Leben lebe und erwachsen geworden bin. Er beruhigt sich wieder und akzeptiert meine Verselbstständigung. Meine Eltern lernen den Vorteil zu schätzen, dass sie nun auch endlich mal mehr an sich selbst denken können.

Familienmenschen bleiben sie trotzdem. Ich weiß nicht, wie oft Papa mich vom Bahnhof abgeholt hat und wie häufig meine Eltern mich in Bremen besucht haben.

Ich mache einen weiteren Zeitsprung und erinnere mich daran, wie Papa mit seinen Enkelkindern herumalbert. Auch sie verbindet ein sehr inniges Band. Opa ist der Beste! Ich sehe vor mir, wie er mit den Männern aus der Familie Skat spielt, von seinen Urlaubsreisen und gutem Essen schwärmt und sein Leben als Rentner genießt. Wie selbstverständlich und ausgiebig er sich um seine Eltern und seine Schwiegermutter kümmert. Wie glücklich und zufrieden er sich fühlt in seiner vertrauten Umgebung und im Kreise der Familie. Besonders natürlich mit Mama, ohne die er sich sein Leben nicht einmal ansatzweise vorstellen kann. Seine „Schnockel". Immer an seiner Seite!

Ich sehe Bilder vor mir, wie Papa gemütlich in seinem Garten sitzt, direkt vor den Rhododendronbüschen, und sich ein kühles Bierchen genehmigt. Wie geduldig er im Sommer für die ganze Sippe grillt. Ich stelle ihn mir in ganz alltäglichen Situationen vor: wie er den Abwasch erledigt, Obst pflückt oder den Rasen mäht. Ich denke gleichermaßen an gewöhnliche wie auch an besondere Momente zurück. An sehr schöne und auch an weniger schöne Geschehnisse. Das Leben war nicht immer einfach, aber Papa hat alle Herausforderungen angenommen und gemeistert und sich immer schützend vor seine Familie gestellt.

Ich weiß, dass ich mich glücklich schätzen kann, dass ich so viel kostbare Zeit mit meinem Vater gehabt habe. Zweiundfünfzig Jahre – über ein halbes Jahrhundert. Das ist eine sehr lange Zeit! Es gibt so viele Menschen, denen das nicht vergönnt gewesen ist. Mama zum Beispiel ist – wie viele der Kriegskinder – ganz ohne Vater aufgewachsen, denn der ist aus dem Krieg nicht zurückgekehrt. Viele Menschen haben ihren Papa bereits in jungen Jahren verloren oder hatten keine oder eine wenig emotionale Bindung an ihren Vater.

Aber gerade weil ich so viel Gutes mit meinem Papa verbinde und er immer für mich da war, ist der Verlust so unbeschreiblich schwer und niemand kann diese Lücke füllen. Papa ist und bleibt für allezeit unersetzlich!

Aber mein Vater hat mir auch viel hinterlassen. Er hat mir so viel Gutes mit auf den Lebensweg gegeben. Er wusste, worauf es ankommt! Vieles, was ihn ausmachte, ist mir auch wichtig: Verbundenheit, familiärer Zusammenhalt, Hilfsbereitschaft und ein ehrliches Bemühen, bei allem, was einem wichtig ist. Papa wollte immer, dass es gerecht zugeht und war stets um Harmonie bemüht. Aber er hat auch seinen Standpunkt vertreten und gesagt, wenn ihm etwas nicht gepasst hat. Mein Vater hat mir Werte vermittelt, an denen ich mich immer orientieren konnte und er hat mir vorgelebt, was von Bedeutung ist: Authentizität, Anstand, Lebensfreude, Gemeinschaftsdenken, aber auch, sich eine gewisse Autonomie zu bewahren und auf eigenen Füßen zu stehen! Als ich 16 Jahre alt war, hat er zu mir gesagt: „Sieh zu, dass du dein eigenes Geld verdienst und von niemandem abhängig bist." Ein weiser Rat, den ich immer befolgt habe.

Mein Vater hat wirklich alles dafür getan, um mich gut auf das Leben vorzubereiten und mein Selbstbewusstsein zu stärken. Ich wünschte nur, dass ich mich mehr für Naturkunde interessiert hätte. Mein Vater wusste eine Menge über Bäume, Pflanzen, das Moor und die Tiere des Waldes. Er konnte Tierspuren deuten und Vogelarten an ihrem Flugbild erkennen. Aber als Teenager war ich nur wenig dafür zu begeistern. Leider! Ich weiß nicht, wie oft Papa den Versuch gestartet hat, seine Heimat- und Naturverbundenheit mit mir zu teilen und sein Wissen an mich weiterzugeben – unzählige Male. Heute bereue ich es, dass ich ihm nicht besser zugehört habe – denn dadurch habe ich eine Menge verpasst. Das ist schade, aber nicht mehr zu ändern. Aber ich kann mir sicher sein, dass mein Vater mir das nicht krumm genommen hat. Er war überhaupt nicht nachtragend. Eine seiner edelsten Eigenschaften.

Ich tröste mich immer wieder damit, dass mein Vater 80 Jahre alt werden durfte. Es ist beruhigend zu wissen, dass er damit zufrieden gewesen ist, dieses durchaus stattliche Lebensalter erreicht zu haben. Er durfte immerhin alle wichtigen Lebensphasen durchlaufen und hatte – nach eigenen Angaben – ein schönes Leben. Die Erinnerung an Papas letzte Lebensstunden macht den Verlust etwas erträglicher, weil der Tod ganz sicher eine Erlösung für ihn bedeutet hat. Daher konnten auch wir ihn leichter gehen lassen, als wenn er ganz plötzlich verstorben wäre, ohne dass seinem Tod eine schwere Krankheit vorausgegangen wäre.

Wenn gesunde und vitale oder schlimmer noch junge Menschen ganz plötzlich versterben, ist man tief erschüttert, weil man nicht damit gerechnet hat. Ein junger Mensch wird regelrecht aus dem Leben gerissen. Wir betrauern dabei nicht nur den persönlichen Verlust, sondern hadern auch mit der Tatsache, dass die Lebenszeit deutlich unter dem Durchschnitt der üblichen Lebenserwartung liegt. Es ist schwer zu akzeptieren, dass auch junge Menschen ihr Leben verlieren. Das erscheint uns als eine große Ungerechtigkeit, gegen die wir Protest erheben. Tatsache ist: Wir haben alle keinen Anspruch auf ein langes und unbeschwertes Leben! Aber auch wenn wir das intellektuell verstehen, wollen wir es auf der Gefühlsebene oft nicht wahrhaben. Wir scheinen alle zu glauben, dass wir mit unserer Geburt ein Recht auf Unversehrtheit, Glück und ein hohes und beschwerdefreies Lebensalter erwerben, obwohl wir in unserer Umgebung miterleben, dass dem nicht so ist. Unser Leben ist begrenzt und es ist schwer vorauszusagen, wie viel Zeit uns bleibt. Es ist auch gut, dass wir das nicht wissen. Wenn wir begreifen, dass im Leben vieles weder planbar noch vorhersehbar ist, dann sollten wir uns Gedanken darüber machen, womit wir unsere kostbare Lebenszeit füllen möchten. Es wäre schade, sich am Ende des Lebens über eine Vielzahl verpasster Möglichkeiten zu beklagen.

Nach unserem Tod wird es so sein wie vor unserer Geburt: Es ist ein Leben auf Erden, das ohne uns stattfindet, nicht mehr und nicht weniger. Alle religiösen Menschen finden Trost und Zuversicht im Glauben an das ewige Leben. Aber dass wir nach unserem Tod unseren Freunden und Angehörigen im Diesseits nicht mehr lebendig gegenübertreten können, darin herrscht wohl Einigkeit, es sei denn, man glaubt an übersinnliche Erscheinungen.

Ich habe bereits die meisten Phasen eines Menschenlebens durchlaufen; sprich Kindheit, Jugend sowie junges und mittleres Erwachsenenalter. Jetzt habe ich die Lebensmitte bereits überschritten. Ich werde ein wenig gesetzter und fülliger und muss mir eingestehen, dass ich älter werde und das Leben immer mehr Spuren hinterlässt. Seltsam! Vor acht Jahren lebte Papas Vater noch und dementsprechend hatte ich noch einen Großvater. Vor sechs Jahren ist meine Oma, die Mutter meiner Mutter, gestorben. Jetzt ist Papa von uns gegangen und wenn Mama eines Tages nicht mehr da ist, gehören mein Bruder und ich zu den ältesten noch lebenden Personen in der Familie. Durch diese Entwicklung wird mir bewusst, wie schnelllebig so ein Menschenleben ist und wie rasch sich die Reihenfolge ändert. Papa hat immer schon zu mir gesagt: „Die Kindheit ist die längste Zeit im Leben!" Heute weiß ich, was er damit gemeint hat und finde, dass er Recht hat. Mir kommen immer wieder Wortbeiträge von meinem Vater in den Sinn. Am liebsten möchte ich sie alle aufschreiben, damit sie nicht verloren gehen. Ich kann keine neuen Erfahrungen mehr mit meinem Vater sammeln, nur die alten bewahren. Deshalb ist alles, was gewesen ist, plötzlich so bedeutsam.

Mein Vater war sicher kein Intellektueller, er war eher ein bescheidener Mann aus dem Volke. Er bezog sein Wissen nicht aus schlauen Büchern, sondern aus seinem reichhaltigen Erfahrungsschatz. Papa konnte vielleicht nicht die großen Dichter und Denker zitieren oder hochkomplizierte mathematische Aufgaben lösen, aber er verfügte über einen gesunden Menschenverstand und besaß eine gute Menschenkenntnis!

Es gab im Laufe meines Lebens etliche Begebenheiten mit meinem Vater, in denen sich gezeigt hat, dass er auch über eine menschliche Tiefgründigkeit verfügte.

Es gab ein Ereignis, das mich in besonderer Weise berührt hat. Ich fuhr im Frühjahr 2003 mit meinen Eltern in ein Möbelgeschäft, weil ich einen neuen Küchenschrank brauchte. Was meine Eltern damals nicht wissen konnten, war, dass sich mein langjähriger Freund von mir trennen wollte. Ich verschwieg es bewusst, um meine Eltern während der Autofahrt nicht abzulenken, hatte aber vor, es ihnen nach unserer Einkaufstour zu erzählen. Als wir zurückfuhren, fiel mir auf, dass Papa mehrmals in den Rückspiegel sah und mich beobachtete. Er hatte die Begabung, die Gemütsverfassung seiner Mitmenschen aufzunehmen und registrierte dabei feinste Stimmungsnuancen. Zu Hause angekommen, ging Papa in die Küche, um Kaffee zu kochen. Ich stellte mich hinter ihn und sagte etwas kläglich: „Papa ich muss dir was erzählen. S. will sich von mir trennen!" Er drehte sich abrupt zu mir um und sagte nur: „Ich wusste es!" Dann ging er einen Schritt auf mich zu, nahm mich schweigend in die Arme und drückte mich an sich. Diese Umarmung war so voller Liebe und Anteilnahme, dass ich mich von ihm unendlich getröstet, gewärmt und beschützt gefühlt habe. Obwohl ich damals in einer sehr schlechten emotionalen Verfassung war, ist diese intensive Begegnung mit meinem Vater ein echter Glücksmoment gewesen, den ich bestimmt niemals vergessen werde.

Auf Papa konnte man immer zählen, er war eine so gute Seele! Jemand, der fast immer gutgelaunt war – und der vor seinem Gesundheitseinbruch so gern gelebt hat. Nun ist er nicht mehr da!

Allmählich fängt der Verlust an, mir sogar körperlich wehzutun. Ich spüre ein Reißen, Ziehen, Brennen und Stechen, eine regelrechte Verkrampfung in der Herzgegend – ein echter Herzschmerz! Dieser Schmerz ist nicht dauerhaft vorhanden, aber macht sich immer mal wieder bemerkbar. Es stimmt, was alle sagen, die bereits einen schweren Verlust hinnehmen mussten – der Verlustschmerz kommt in Wellen. Es ist ein ständiges Auf und Ab. Er flutet an und ebbt wieder ab, wie bei den Gezeiten. Der Schmerz drückt auf die Brust, wühlt mich auf, macht mich traurig, wütend und hilflos. Ich habe keine Übung darin, wie es ist, seinen Vater zu verlieren, denn ich verliere ihn zum ersten Mal. Ein einziges Mal nur geht er von uns, und dann gleich für immer. Es nützt mir nichts, dass ich anderen Menschen gut zugehört habe, wenn sie über ihre Verluste gesprochen haben. Selbst betroffen zu sein, ist noch mal etwas ganz anderes.

Der Verlust naher Angehöriger gehört wohl zu den tiefgreifendsten Erfahrungen im Leben eines Menschen. Es ist eine Erfahrung, die man nie ganz verwindet, aber mit der man lernen muss zu leben. Das wird jetzt meine zukünftige Aufgabe sein. Ich muss für den Rest meines Lebens ohne Papa auskommen, ob ich will oder nicht.

Für mich steht außer Frage, dass es eine Qual für meinen Vater gewesen wäre, ihn künstlich am Leben zu erhalten. Es hätte das Sterben nur hinausgezögert, aber keinen positiven Nutzen für ihn gehabt. Mir das vor Augen zu führen, verhindert nicht den Schmerz über den Verlust, aber sorgt dafür, dass ich seinen Tod leichter akzeptieren kann. Es gibt eine ganze Reihe „objektiver" Gründe, mit denen man versucht, sich zu trösten und die einem über die erste schwere Zeit hinweghelfen, und das ist auch gut so. Aber trotz aller

Objektivität und Einsicht ist es bitter, ein Elternteil zu verlieren, unabhängig von dem Lebensalter und den Umständen. Mein Vater ist mein Wegbereiter gewesen, mein Ratgeber in jeder Lebenslage, der wichtigste Mann in meinem Leben – wie könnte ich nicht um ihn trauern?

Meine Eltern fragten mich im Sommer 2019, ob ich mir vorstellen könne, nach ihrem Tod ins Elternhaus zu ziehen und mit meinem Bruder und seiner Frau unter einem Dach unseren Lebensabend zu verbringen. Erst schien das vorstellbar. Doch dann machte ich mir klar, dass ich lieber in Bremen wohnen bleiben möchte. Ich erklärte meinen Eltern, dass diese Stadt wie eine zweite Heimat für mich geworden sei. Außerdem könne ich mir ganz schwer vorstellen, ohne sie in ihrem Haus zu leben. Es würde mir schwerfallen mit all den Erinnerungen an gemeinsame Zeiten. Papa sagte daraufhin zu mir: „Es ist ganz natürlich, dass wir sterben, Marion. Du musst dich damit abfinden. Wir können nicht immer da sein. So ist das Leben." Mit Blick auf meinen abgemagerten Vater – er hatte in wenigen Monaten über 20 Kilo verloren – konnte ich meine Tränen nicht zurückhalten, obwohl ich einsehen musste, dass er Recht damit hatte. Aber in diesem Moment verhielt ich mich wie ein schmollendes Kind, das sich mit Händen und Füßen dagegen sträubt, sich der Tatsache ihrer Vergänglichkeit zu stellen.

Ohne Eltern weiterzuleben, ist ohne Frage eine sehr einschneidende Veränderung im Leben jedes Menschen, ganz besonders für die, die sich von ihrer Mutter und ihrem Vater respektiert und geliebt und eng verbunden fühlten. Mutter- und Vaterliebe ist etwas unglaublich Kostbares. Wer möchte dieses innige Band schon zerschneiden?

Was mir ganz viel Trost spendet, ist, dass mein Vater und ich miteinander im Reinen sind. Es gibt nichts Unausgesprochenes zwischen uns. Kein alter Konflikt, der unterschwellig schwelte und den wir nun nicht mehr auflösen können. Letztlich kein Bedauern darüber, etwas nicht mehr gesagt oder getan zu haben. Mein Vater und ich wussten, wie wir zueinander stehen, da habe ich nicht den geringsten Zweifel. Außerdem habe ich ihm vor einigen Monaten gesagt, dass er meinem Bruder und mir ein guter Vater gewesen sei, woraufhin er nur meinte: „Das hoffe ich!" „Ja, du hast alles richtig gemacht. Einen besseren Papa kann ich mir nicht wünschen." Eigentlich war es nicht erforderlich, ihm das zu sagen, aber es hat sich dennoch gut angefühlt, es nochmal in seiner Gegenwart auszusprechen. Auch dass ich ihn lieb habe, habe ich ihm wenige Wochen vor seinem Tod gesagt und er erwiderte daraufhin: „Ich dich auch."

Um den immer wieder aufflammenden Schmerz nicht so übermächtig werden zu lassen, verdränge ich mitunter seinen Tod und verliere mich in kindlichen Fantasien. Mitunter stelle ich mir vor, dass ich jederzeit nach Hause fahren könnte und Papa mir dann die Tür öffnet und so etwas sagt wie: „Na, gibt es dich auch noch? Du hast dich ja lange nicht hier blicken lassen."

Ich ertappe mich auch dabei, dass ich mit dem Schicksal verhandeln möchte, so wie ein Kleinkind, das in seinem magischen Wunschdenken glaubt, es könne mit bloßer Willenskraft Naturgesetze aushebeln und dem eigenen Willen unterwerfen. Ich sehne mich so danach, ein allerletztes Gespräch mit Papa zu führen – das wäre zu schön! Ob er wirklich einverstanden damit ist, wie alles gekommen ist, könnte ich ihn fragen und mit ihm vielleicht noch einmal alle Phasen der Sterbebegleitung durchgehen und Auszüge aus seinem letzten Lebensfilm gemeinsam mit ihm anschauen und kommentieren.

Oder sollte ich die Zeit mit Papa nicht doch lieber in vollen Zügen genießen? Es wäre sicher schöner, ihn in den Arm zu nehmen und mit ihm im Wald spazieren zu gehen oder in seinem Garten zu sitzen und ein wenig zu plaudern – wie so oft in unserem Leben. Natürlich würde ich Papa dann auch von diesem Buch erzählen und von ihm die Erlaubnis einholen, es zu veröffentlichen.

Die Wunschvorstellung einer letzten Kontaktaufnahme hält sich eine ganze Weile, bis ich sie wieder aufgeben kann. Loslassen ist so unglaublich schwer!

12. Schuld- und Schamgefühle

Ich lese viel im Internet über die bestmögliche Sterbebegleitung. Eine „perfekte" Sterbebegleitung gibt es sicher nicht, aber viele wertvolle Tipps, wie man dem Schwerkranken ein würdevolles Ende bereiten kann und Schmerzen und Begleitsymptome des Sterbens effektiv lindert.

Mein Vater hat in den letzten Monaten vor seinem Tod vermehrt über Schmerzen geklagt. Aber jedes Mal, wenn ich ihn darauf hingewiesen habe, dass er sich von seinem Hausarzt stärkere Schmerzmittel verschreiben lassen sollte, hat er abgewunken. Ich habe Papa sogar ausdrücklich empfohlen, über den Einsatz von Opiaten nachzudenken. „Niemand muss heutzutage Schmerzen aushalten", habe ich immer wieder zu ihm gesagt, „lass dich da am besten mal ausführlich beraten." Aber meine Mutter hat mir erzählt, dass Papa seinem Hausarzt gegenüber behauptet habe, dass sein Ibuprofen noch völlig ausreichend sei. Mein Vater gehörte vielleicht zu der Sorte Mensch, die die Meinung vertritt, dass Schmerzen zu einem Krankheitsgeschehen dieses Ausmaßes und ganz besonders zum Sterbeprozess dazugehören. Als wäre es dem Schicksal geschuldet, den Schmerz tapfer über sich ergehen lassen zu müssen. Mit der Meinung steht mein Vater weiß Gott nicht allein da. Sie hält sich hartnäckig in der Bevölkerung und teilweise sogar in der Ärzteschaft. Dabei ist dieses „selbstgewählte" Leiden völlig unnötig! Ich kann nicht begreifen, warum Papa sich den Schmerzen so kampflos ergeben wollte. Dabei stellt sich mir natürlich auch die Frage, ob ich als Tochter da noch hätte energischer eingreifen müssen. War mein Vater noch im Vollbesitz seiner geistigen Kräfte oder war sein Urteilsvermögen in den letzten Wochen vor seinem Tod bereits so weit eingeschränkt, dass er sich um solche Belange nicht mehr selbstständig kümmern konnte? Hätte ich das vielleicht in die Hand nehmen müssen? Ich bin mir unsicher.

Der quälende Zeitraum, den ich mit meinem Vater in der Klinik verbracht habe, will mir auch einfach nicht aus dem Kopf gehen. Es ist nicht zu leugnen, dass ich vor lauter Anspannung und Angst letztlich nicht mehr klar denken und optimal reagieren konnte. Ich weiß, das ist nicht meine Schuld, es ist der Situation geschuldet! Zweifellos habe ich getan, was ich konnte und in jener Nacht somit mein Bestes gegeben. Dennoch würde ich die Uhr so gern zurückdrehen. Die Ereignisse zurückspulen, wie in einem Spielfilm. Alles auf Anfang! Noch einmal ab dem Moment mit der Sterbebegleitung fortfahren, als wir auf unser Zimmer gekommen sind, um dann mit frischen Kräften und klarem Kopf alles für meinen Vater zu tun, was ich aus heutiger Sicht für angemessen und richtig halte.

Ich hätte seinen Oberkörper aufgerichtet und ihn in eine stabile Sitzposition gebracht, denn ich glaube, das Liegen in der Horizontale hat sein Unbehagen noch verstärkt. Vielleicht hat er im Liegen auch nicht so gut atmen können. Ich hätte leise mit Papa gesprochen und ihm die ganze Zeit signalisiert, dass er nicht allein ist und keine Angst haben braucht. Ich hätte ihm gut zugeredet – so wie zu Hause. Hätte ihm über die Arme gestrichen, seine Schultern berührt oder meine Hand auf seine Stirn oder seine Wange gelegt. Vielleicht wäre Papa dann etwas ruhiger geworden. Um ehrlich zu sein, ahnte ich aus dem Bauch heraus, was er braucht und ihm guttut. Aber ich fühlte mich außerstande, das alles in die Tat umzusetzen. Ab irgendeinem Punkt war ich zu erschöpft und hätte dringend eine Ablösung gebraucht. Das ist in Anbetracht der Umstände sicherlich verständlich. Trotzdem habe ich immer wieder mit Schuldgefühlen zu kämpfen.

Dieses anklagende Gedankenkarussell meiner scheinbar mangelnden Hilfeleistung und Fürsorge umkreist mich etliche Wochen, dann lässt das schlechte Gewissen allmählich nach. Vermutlich kommt bei dieser selbstkritischen Betrachtung auch der Umstand meiner hochsensiblen Veranlagung zum Ausdruck. Ich habe zweifellos ein sehr starkes Verantwortungsbewusstsein und stelle mitunter zu hohe Ansprüche an mich selbst. Da ich auch eine ganz gute Intuition habe und oftmals viel mehr wahrnehme, als mir lieb ist, weiß ich häufig auch, worauf es ankommt und was zu tun wäre – und dieses Feingespür setzt mich dann total unter Druck. Deshalb ignoriere ich meine feinen Antennen sogar mitunter, weil ich mich ansonsten ständig dazu gezwungen sehen würde zu handeln, auch dann, wenn es meine Kräfte übersteigt.

Aber noch etwas kommt hinzu: Im Krankenhaus war ich gestresst, weil mein Vater einfach nicht zur Ruhe kommen konnte und schämte mich gleichzeitig für meine Ungeduld. Wie kann man so ungeduldig mit einem hilflosen, geliebten Menschen sein, der sich in so großer Not befindet? Schließlich kann er nichts dafür, wie es ihm geht und wie er sich aufgrund dessen gebärdet. Aber spontane Gefühle lassen sich nicht steuern und maßregeln. Schon gar nicht in Momenten starker Überforderung. Sie kommen einfach über uns und drängen sich ins Bewusstsein. Daraus ziehe ich eine wichtige Erkenntnis: Ich bin ein gewöhnlicher Mensch und keine Heilige, die über all diese menschlichen Schwächen erhaben ist. Menschen sind nicht ohne Fehl und Tadel und das ist ganz natürlich. Ich darf mit mir selbst gnädig sein und mir verzeihen.

Ich will hoffen, dass Papa ab einem bestimmten Zeitraum abge-
schaltet und somit nicht mehr viel mitgekriegt hat. Damit tröste
ich mich. Dass Papas Bewusstsein bereits getrübt war, als er
auf die Intensivstation verlegt wurde. Ich halte das sogar für
sehr wahrscheinlich, denn ich hatte den Eindruck, dass sich sein
Geist mehr und mehr nach innen richtete und er ganz mit sich
selbst beschäftigt war. Wahrscheinlich wusste er zuletzt nicht
einmal mehr, wo er sich befand und wer bei ihm war.

Am Ende des Lebens wenden sich viele Sterbende von allem ab und sind nur noch auf sich selbst konzentriert. Die
Verbindung zu den Lebenden reißt ab. Der Kranke verliert
gewissermaßen die Orientierung! Sterben bedeutet auch für
den Betroffenen, dass er endgültig Abschied nehmen muss
und jeder Mensch, der auf der Schwelle zum Tod steht, muss
irgendwie allein damit fertig werden. Wir können Menschen
das Sterben erleichtern, aber wir können es ihnen nicht abnehmen. Niemand von uns kann wissen, wie es sich anfühlt
zu sterben, denn diese Erfahrung haben wir noch vor uns.
Das habe ich nun auch endlich begriffen.

Woran mein Vater nun letztlich gestorben ist, ist nicht eindeutig geklärt, zumindest ist es uns nicht klar. Ich vermute
aber ganz stark, dass er zum Schluss Altersleukämie hatte.

Grundsätzlich gesehen war der Tod in unserer Familie nie
ein Tabuthema. Meine Eltern und ich haben in den letzten
Monaten und ganz besonders in den letzten Wochen vor Papas Tod viele Gespräche über das Sterben – auch ganz konkret über Papas Tod – geführt. Wir haben über seine Patientenverfügung gesprochen, über seinen ganz klaren Wunsch,
vor Mama zu sterben und seine Befürchtung, ins Pflegeheim
zu kommen. Auch über seine Bestattungswünsche, das Ber-
liner Testament und die Aufteilung der Erbmasse haben wir
uns ausgetauscht. Über das Einrichten einer Generalvollmacht und all diese formalen Dinge wurde sich rechtzeitig
gekümmert. Sogar Palliativmedizin und Hospiz waren an-

deutungsweise bereits Thema, weil ich sie ein paar Wochen vor seinem Tod zur Sprache gebracht habe.

Aber das wichtigste Anliegen in diesem Zusammenhang haben wir immer konsequent ausgespart: Was geschieht, wenn sich Papas Gesundheitszustand rapide verschlechtert? Was machen wir, wenn die Pflege von Mama zu Hause nicht länger zu leisten ist und wir uns im Vorfeld weder um einen Pflegegrad noch um eine mögliche Heimunterbringung gekümmert haben? Was ist, wenn diese Not schlagartig über uns hereinbricht und wir keine Ahnung haben, wie es weitergehen soll? Wir völlig auf dem Schlauch stehen und nicht wissen, was alles auf uns zukommt? So, wie es dann schließlich auch passiert ist – und das ist beileibe kein Einzelfall, sondern eher die Regel.

Man möchte sich gegenseitig schonen und vor der Wahrheit schützen und versäumt es, die Themenbereiche anzusprechen, die besonders angstbesetzt und emotional belastend sind. Ich kann nicht sagen, dass ich nicht gewarnt worden bin. „Kümmert euch rechtzeitig um den Pflegegrad und einen Pflegeplatz", riet mir ein guter Bekannter bereits einige Monate vor Papas Tod. Aber ich war zu befangen und zu deprimiert, um das meinen Eltern gegenüber zu thematisieren. Es fiel mir schwer, mich damit auseinanderzusetzen, dass wir Papa womöglich tatsächlich ins Heim bringen müssen. Ich wollte ihn damit nicht vor den Kopf stoßen. Wollte nicht, dass er womöglich das Gefühl hat, dass wir vorhaben, ihn aufs Abstellgleis zu schieben …

Die meisten älteren Menschen mit starken Gesundheitsproblemen haben Angst davor, die Kontrolle über ihr eigenes Leben zu verlieren. Sie befürchten, von ihren Kindern abgeschoben zu werden und dann in einem Heim einsam „dahinsiechen" zu müssen. Mein Vater hätte das nie so brutal ausgedrückt, dafür war er zu höflich und zu beherrscht, aber es war bestimmt dieser Gedanke, der ihm insgeheim Sorgen bereitet hat. Es ist die Angst vor dem Ausgeliefertsein, der sozialen Abhängigkeit und dem Verlust der Autonomie! Diese Vorstellung ist ja auch schwer zu ertragen. Als es meinem Vater noch relativ gut ging, hatte er dazu eine ganz klare und nüchterne Haltung: „Wenn ich mich nicht mehr selbst versorgen kann, dann geh ich eben ins Heim", hat er immer gesagt. Doch wenn der Zeitpunkt der Pflegebedürftigkeit näherrückt, verschieben sich die Grenzen, die man sich selbst gesetzt hat. Dann möchte man doch lieber im eigenen Zuhause bleiben, verdrängt den Gedanken ans Pflegeheim und vermeidet auch das konkrete Gespräch darüber. Als Tochter ging es mir genauso. Ich wollte keinen Druck ausüben und meinem Vater nicht zu nahe treten. Man spürt, dass die Frage der zukünftigen Pflegeversorgung im Raum steht und im Grunde keinen Aufschub mehr duldet, aber es ist unglaublich schwer, dieses Thema anzuschneiden. Dieser ganze Themenkomplex ist sehr schambehaftet, aber dennoch muss man Vorkehrungen treffen. In erster Linie im Interesse und zur Entlastung des Schwerkranken, aber natürlich auch, um sich selbst nicht massiv zu überfordern, wenn sich die Ereignisse plötzlich überschlagen.

Ich muss damit leben, dass es zu Fehleinschätzungen kam und wir uns nicht früher und besser auf Papas Sterbeprozess vorbereitet haben. Andererseits hat wirklich niemand damit gerechnet, dass es so schnell geht. Wenn ich mir vor Augen führe, dass weder sein Hausarzt noch die Dame vom Bereitschaftsdienst oder die Pfleger und Ärzte in der Notaufnahme den Ernst der Lage erkannt haben, wie sollten meine Mutter und ich das vorhersehen? Im Grunde haben wir vor allen anderen begriffen, wie schlecht es um meinen Vater steht – und das ohne ein aktuelles Untersuchungsergebnis oder den professionellen Blick und die langjährige Erfahrung mit Schwerstkranken. Lediglich aufgrund der Tatsache, dass wir Papa so gut kennen. Da wir ihn tagelang begleitet und einfach gespürt haben, dass er sich stark verändert hat, immer mehr abbaut und seine Lebenskraft zu Ende geht.

Dass ich mich an Papas Todestag in der Krankenhausverwaltung darüber beschwert habe, wie wir behandelt worden sind, hat eine besondere Funktion, die ich näher beleuchten möchte. Ich glaube, dass man in solch einer belastenden Situation dazu neigt, sich jemanden herauszufischen, der nach Möglichkeit für alle Schwierigkeiten, die aufgetreten sind, verantwortlich gemacht werden kann. Man kämpft gegen die eigene Macht- und Hilflosigkeit an. Es stellt eine Entlastung dar, wenn sich Menschen anbieten, denen man die ganze Schuld in die Schuhe schieben kann. Das ist ein Impuls, der sich leicht einstellt, wenn man extrem unter Druck steht und keine Kontrolle mehr über die Geschehnisse hat. Entweder ist es ein Arzt, eine Pflegekraft oder man selbst: Einer muss zur Rechenschaft gezogen werden und den Kopf hinhalten. Es liegt in unserer menschlichen Natur, dass wir für alles eine logische Erklärung haben wollen. Aber manche Dinge lassen sich nicht erklären – sie passieren einfach. Natürlich kann niemand etwas dafür, dass mein Vater in solch einer schlechten Verfassung war. Nichtsdestotrotz habe ich berechtigte Kritik an der Umgangsweise der entsprechenden Pflegekräfte, dazu stehe ich nach wie vor. Aber dass mein Vater sterben musste, dafür kann niemand etwas. Mein Vater ist gestorben, weil seine Zeit gekommen ist und er bereit war zu gehen. Ich kann das inzwischen so annehmen und tröste mich damit, dass sich seine sehnlichsten Wünsche am Ende erfüllt haben: nämlich, vor meiner Mutter sterben zu dürfen, nicht mehr ins Pflegeheim zu müssen und keinen langen Leidensweg mehr vor sich zu haben.

13. Die Angst vor dem Coronavirus

Ein paar Tage nach meinem letzten Besuch bei Mama greift die Angst vor dem Coronavirus immer weiter um sich. Die Sicherheitsmaßnahmen werden verstärkt, der erste Lockdown wird beschlossen. Eine Sache steht jetzt schon fest: Es kann nicht verhindert werden, dass sich ganz viele Menschen infizieren, wir können nur versuchen, die Ausbreitung zu verlangsamen. Das ist wichtig, damit die Krankenhäuser den Ansturm neuer Patienten überhaupt bewältigen und die Menschen, die beatmet werden müssen, auch entsprechend versorgt werden können. Mama und ich werden uns erst einmal auf unbestimmte Zeit nicht wiedersehen. Wir müssen jetzt den Empfehlungen der Bundesregierung folgen und mit gutem Beispiel vorangehen. Ich möchte Mama auf keinen Fall in Gefahr bringen, denn sie gehört aufgrund ihres Alters und ihrer Vorerkrankungen eindeutig zu der Risikogruppe. Wie gut, dass Papa das nicht mehr miterleben muss! Wäre er bei vollem Bewusstsein gewesen, hätte er sich sehr um seine Familie gesorgt und der Abschied von uns wäre ihm mit Sicherheit noch viel schwerer gefallen. Was in diesen Zeiten auf ihn zugekommen wäre, wäre genau das gewesen, was er auf keinen Fall mehr gewollt hätte. Die Vorstellung, dass er jetzt womöglich zu den Schwerstpflegefällen im Pflegeheim gezählt hätte und wir ihn höchstwahrscheinlich nicht einmal hätten besuchen dürften, ist entsetzlich, von der drohenden Gefahr, dass sich Corona in den Pflegeheimen schnell ausbreitet, wenn der Virus dort erst einmal angekommen ist, ganz zu schweigen. Papa hätte sicher spätestens, wenn er Bekanntschaft mit dem Virus gemacht hätte, sein Leben verloren und das hätte vermutlich ein noch viel größeres Leid verursacht. Deshalb ist es besser so, wie es ist. Der Schmerz über den schweren Verlust bleibt trotzdem.

Die Menschen, die jetzt in dieser ohnehin sehr schwierigen Zeit ihre nahen Angehörigen verlieren, müssen während der Trauerfeier allein in der Kapelle sitzen. Alle Trauergäste, die nicht zum engsten Familienkreis gehören, werden angewiesen, vor der Tür zu warten. Das Trauermahl muss ausfallen, Gottesdienste, Konfirmationen, Taufen und Trauungen werden abgesagt, Schulen, Kitas, Ämter, Kulturstätten, Geschäfte und Restaurants werden geschlossen. Das öffentliche und kulturelle Leben wird nach und nach immer weiter eingeschränkt bzw. stillgelegt. Eine Ausgangssperre droht, weil sich viele Menschen uneinsichtig zeigen, sich weiterhin in Gruppen aufhalten, nicht genug Abstand halten und sich gegenseitig anstecken. Eine unsichere und beängstigende Zeit beginnt. Wir befinden uns in einer schweren Gesundheitskrise. Aber für viele Menschen beginnt gleichzeitig auch eine Zeit des Umdenkens. Sie besinnen sich mehr auf sich selbst, zeigen sich solidarisch mit anderen und konzentrieren sich auf das Wesentliche. Wir hocken alle allein in unseren Wohnungen und haben viel Zeit zum Nachdenken. Es ist notwendig, globaler zu denken. Wir müssen genau überlegen, was zum Wohle der ganzen Menschheit geschehen muss, wenn wir positive Zukunftsaussichten für unsere Kinder und Kindeskinder gewährleisten wollen. Ich hoffe, dass wir endlich begreifen, dass es darum gehen muss, was die Menschen miteinander teilen und was sie vereint und nicht, was sie unterscheidet und auseinander bringt. Aber wenn man sich die derzeitige Stimmung in der Bevölkerung anschaut, ist das pures Wunschdenken.

Das Thema Corona wird sowohl öffentlich als auch im privaten Umfeld sehr kontrovers diskutiert. Es stellt sich heraus, dass die Meinungen darüber weit auseinandergehen. Immer wieder kommt es zu hitzigen Debatten. So auch in einer Frauengruppe, der ich angehöre. Wir verstehen einander nicht mehr und müssen feststellen, dass das gemeinsame Fundament bröckelt und den heftigen Diskussionen nicht mehr standhält. Die Kluft, die sich zwischen uns auftut, wird zu groß. Obwohl wir alle mit dem gleichen Problem zu kämpfen haben, wird ganz unterschiedlich damit umgegangen. Noch bei keinem anderen Thema herrschte bei uns so viel Uneinigkeit wie bei diesem. Vielleicht deshalb, weil es gesellschaftlich so viele unterschiedliche Meinungen zu diesem Thema gibt und ganz viel Angst kursiert. Angst vor der unsichtbaren Krankheit, der hohen Ansteckungsgefahr und den teilweise sehr schweren Krankheitsverläufen, die erschreckend häufig tödlich enden. Die einen bekämpfen ihre Angst mit der strikten Einhaltung der Sicherheitshinweise, die anderen negieren das Problem und verharmlosen den Sachverhalt und versuchen dadurch ihre Angst zu unterdrücken. Verschwörungstheoretiker melden sich zu Wort und nutzen die Gunst der Stunde, um ihre seltsamen Ansichten unter das Volk zu mischen. Es herrscht eine starke, allgemeine Verunsicherung!

Niemand weiß, was das Virus bei jedem einzelnen anrichten kann, denn das ist offenbar sehr unterschiedlich. Ältere Menschen und kranke Personen mit einer schwachen Immunabwehr sind zweifellos besonders gefährdet. Sie müssen damit rechnen, dass die Krankheitssymptome stärker ausgeprägt sein werden als bei gesunden, jungen Erwachsenen und Kindern. Aber immer häufiger hört man davon, dass auch junge, vormals gesunde Menschen versterben. Anscheinend sind mehr Männer als Frauen von der Lungenkrankheit betroffen. Wie sich das Virus auf meine chronische Migräne auswirkt, kann mir auch niemand beantworten. Ich möchte nicht wissen, wie es sein wird, wenn ich mit beiden Erkrankungen gleichzeitig fertig werden muss. Schließlich leide ich unter zyklischem Erbrechen, das könnte den Verlauf verkomplizieren.

Ich kann mich gar nicht richtig auf meine Trauer konzentrieren, weil die Corona-Krise einen so großen Schatten auf uns alle wirft. Meine Mutter und einer meiner Neffen gehören zur Risikogruppe. Auch Freundinnen sowie Kollegen und Kolleginnen von mir sind aufgrund ihrer Vorerkrankungen besonders gefährdet und theoretisch all meine Verwandten und Bekannten, die über fünfzig Jahre alt sind – also der überwiegende Teil. Dass mein Bruder mit seiner Familie vor Kurzem in einem Skigebiet in Österreich war, macht mich natürlich auch ein bisschen nervös. Zum Glück waren sie aber in keinem der Risikogebiete und haben sich offenbar auch nichts eingefangen. Mittlerweile macht sich ja bereits jeder mit einem kleinen Schnupfen verdächtig und wird auf der Straße misstrauisch beäugt. Asthmatiker und

Allergiker werden besonders kritisch in Augenschein genommen und müssen sich ständig erklären.

Ich bin froh, dass meine Mutter nicht ganz allein im Haus wohnt und dass mein Bruder und seine Frau sich gut um sie kümmern. Ich schicke ihr kurze Videos von mir, die sie sich auf dem Smartphone meiner Schwägerin ansieht und gelegentlich tätige ich einen Video-Anruf, sodass Mama und ich uns sogar sehen und zuwinken können. Ich glaube, dass meine Mutter diese hochentwickelte Technik durchaus beeindruckt. Gerade jetzt ist diese Möglichkeit der Kontaktaufnahme Gold wert.

Die beinahe schon zwanghafte gedankliche Fixierung auf Papa ab dem Zeitpunkt seines Todes lässt bei mir ab der vierten oder fünften Woche deutlich nach. Vielleicht auch aufgrund der ständig präsenten Angst vor dem Virus. Es kommt vor, dass Papa mal ein paar Stunden nicht das vorherrschende Thema in meinem Kopf ist. Am Anfang brauchte ich diese gedankliche „Nähe". Doch irgendwann wird es mir zu viel. Insofern empfinde ich es als Erleichterung, dass Papa nicht unentwegt in meinem Kopf herumspukt. Das bedeutet keineswegs, dass der Verlust weniger schmerzt. Ganz im Gegenteil. Der sehnliche Wunsch, Papa noch einmal zu sehen, mit ihm zu sprechen und ihn zu berühren, ist inzwischen stärker als unmittelbar nach seinem Tod. Es kommt immer wieder vor, dass ich für einen Moment „vergesse", dass er nicht mehr lebt. Dann will ich ihm etwas erzählen, mit ihm telefonieren ... Die Sekunde, in der ich zur Besinnung komme und mir bewusst wird, dass er nicht mehr da ist, ist wie ein kleiner Stich ins Herz.

Ich muss andere Wege finden, um mit Papa zu kommunizieren – in den inneren Dialog treten. Mir seine Fotos anschauen und mich auf der Gefühlsebene mit ihm verbinden. Leichter gesagt als getan! Ein Ersatz für eine reale Begegnung ist das natürlich nicht, aber es hilft, den Verlustschmerz zu lindern und spendet mir ein wenig Trost.

Ich habe vier Themen, die mich zurzeit sehr beschäftigen und auch belasten:

- die Corona-Krise mit allen Ängsten, die damit verbunden sind
- Papas Tod und die Sorge um Mama und viele andere Menschen
- meine chronische Migräne, die mich täglich mehrmals attackiert
- Zukunftsängste/berufliche Situation

Alle vier Themen sind miteinander verwoben. Mit der Migräne verhält es sich so, dass sie mir schon völlig ausreicht, um an mein Limit zu kommen. Mit dieser Krankheit im Schlepptau schaffe ich es noch ganz gut, die alltäglichen Anforderungen zu meistern. Mit Covid-19, Trauerfall und Berufstätigkeit ist diese Grenze im Grunde erreicht. Jede zusätzliche schwere Belastung in meinem Leben strapaziert meine Geduld und stellt meine Leidensfähigkeit auf die Probe. Ich bin gespannt, wie sich die Anforderungen dieser kritischen Zeit langfristig auf meine Gesundheit auswirken. Noch fühle ich mich einigermaßen stabil, aber wie sich das weiterentwickelt, lässt sich schwer einschätzen. Irgendwann ist der Zeitpunkt gekommen, an dem ich einsehen muss, dass ich kürzer treten muss.

In den Monaten vor Papas Tod ist so viel in Bewegung geraten. Ich habe neue Herausforderungen angenommen. Habe angefangen, einmal pro Woche ehrenamtlich im Seniorenheim zu arbeiten (Massage-Projekt). Im Januar dieses Jahres habe ich die Leitung der Bremer Selbsthilfegruppe Migräne übernommen. Ich war trotz der Einschränkungen durch meine Erkrankung voller Tatendrang. Habe mich auf die neuen Aufgaben gestürzt, an meinen Büchern gearbeitet und war in den sozialen Netzwerken aktiv. Das hat Spaß gemacht, hat mich abgelenkt und mir das Gefühl gegeben, etwas Sinnvolles zu tun. Ich habe mich so lebendig und kraftvoll gefühlt wie lange nicht – trotz täglicher Migräneattacken.

Zurzeit ist ein Teil dieser Projekte auf Eis gelegt. Ich kann mich nur noch an den Laptop setzen und schreiben. Das mach ich natürlich auch. Aber die Angst sitzt tief und mir im Nacken! Wie lange das alles noch gutgeht, ist unklar.

Ich weiß, dass es da draußen ganz viele Menschen gibt, die sich ganz ähnliche Zukunftssorgen machen, damit bin ich nicht allein. Aber nur weil sich viele ängstigen, wird meine Angst nicht geringer. Grundsätzlich bin ich ein optimistischer Mensch. So schnell lasse ich mich nicht unterkriegen. Aber was zu viel ist, ist zu viel. Ich musste oft stark sein in meinem Leben und viel einstecken. Doch langsam komme ich an meine Belastungsgrenze. Meine Kraft ist leider keine Quelle, die immer lustig weitersprudelt, egal was passiert. Ich muss mit meinen Kräften haushalten und auch bereit sein, meine Schwäche anzunehmen. Das ist mir noch nie leichtgefallen, aber ich sehe es jetzt als meine Stärke an, meine Schwäche zuzulassen und zu akzeptieren. Die Corona-Zeit nutze ich schließlich auch für eine lang angelegte Medikamentenpause, die zweifellos immer notwendiger wird. Ich pflege meine sozialen Kontakte – natürlich mit Mindestabstand! Das ist eine interessante Entwicklung, dass man sich in einer Zeit, in der man körperlich Abstand voneinander halten soll, mental plötzlich viel näher kommt.

Ich habe einen Artikel über mein Leben mit Corona aus Sicht einer Migränepatientin geschrieben, der im Newsletter der Migräne Liga veröffentlicht wurde. Ich gehe das Thema darin eher humorvoll an, soweit das möglich und zu verantworten ist. Es tut gut, mal etwas unverkrampfter an das Thema heranzugehen. Das Leben ist ohnehin ernst genug.

Ich habe meinem Vater dabei zusehen müssen, wie er auf allen Ebenen immer schwächer und hilfloser wird und sich unaufhaltsam auf den Tod zubewegt. Die Erinnerung daran hat sich fest in mein Bewusstsein eingespeichert. Viele Beschwerden, die ich während Papas Sterbeprozesses wahrgenommen habe, haben mich – um ehrlich zu sein – an mich selbst erinnert. An mein eigenes Leiden bei unbehandelten Migräneanfällen. Fatigue (ein starker Erschöpfungszustand – das alles beherrschende Gefühl von Müdigkeit, Schwäche und Energiemangel), Übelkeit, Kopf- und Gliederschmerzen, Schwindel – es gibt so einige Parallelen in der Symptomatik. Insbesondere die extreme Körperschwäche bei gleichzeitigem Ankämpfen gegen alle weiteren Symptome. Furchtbar müde und ausgelaugt zu sein und gleichzeitig alle Kraft darauf verwenden zu müssen, in Aktion zu treten. Bei Papa waren es die starke Erschöpfung, die massive motorische Unruhe und die Schmerzen, die er aushalten musste und bei mir ist es im Falle eines unbehandelten Anfalls ebenfalls die enorme Erschöpfung und das ständige Erbrechen, das unglaublich viel Kraft kostet. Kraft, die man eigentlich gar nicht hat. Aber danach fragt niemand. Ich fühle mich dann auch jedes Mal sterbenskrank. Ein Mensch kann erstaunlich viel aushalten, aber was kaum jemand weiß: Eine schwere Verlaufsform der Migräne ordnet die Weltgesundheitsorganisation in eine der höchsten Stufen einer Schwerbehinderung ein. Sie wird somit in ihrer Beeinträchtigung mit der aktiven Psychose und Krebs im Endstadium gleichgesetzt. Als Betroffene muss ich sagen, dass ich diese Eingruppierung durchaus für berechtigt halte. Man stirbt während heftiger Migräneattacken gewissermaßen viele kleine Tode hintereinander. Das habe ich im Laufe meines Lebens über hundert Male durchexerziert.

Mein Vater befand sich allerdings in einem tatsächlichen Sterbeprozess – das ist der Unterschied. Zugegeben, ein ganz gewaltiger Unterschied! Ich erhole mich von den Anfällen, finde schnell wieder ins Leben zurück, darf nach jedem noch so schweren Anfall weiterleben und es gibt vieles, an dem ich mich noch erfreuen kann. Papa ist gestorben. Unabänderlich! Ein für alle Mal tot!

Ich bin aber inzwischen überzeugt davon, dass mein Vater das Sterben „erdulden" konnte und nicht über die Maßen gelitten hat. Ich denke, dass seine Symptome zwar sehr unangenehm für ihn gewesen sein müssen, aber doch noch irgendwie erträglich. Das ist zumindest mein Gefühl dazu. Aber – und da bin ich meinem Vater ziemlich ähnlich – mein eigenes Leid kann ich viel besser hinnehmen als das Leid von meinen liebsten Menschen mit ansehen zu müssen. Deshalb hat Papas Leiden mich psychisch so mitgenommen.

Durch die Corona-Pandemie kommt es mir beinahe so vor, als sei ich nun nicht mehr in gleicher Weise berechtigt zu trauern – weil ein kollektives Bedrohungsgefühl über der gesamten Weltbevölkerung schwebt und so viele Menschen in aller Welt um ihre berufliche Existenz und ihr nacktes Überleben fürchten müssen. Aber zum einen gab es auch vor Corona sehr viele Menschen in Not und zum anderen wird mein persönlicher Verlust dadurch nicht leichter. Ganz im Gegenteil: Ich habe Angst vor weiteren Sterbefällen in meinem Umfeld und sorge mich auch um meine eigene Gesundheit.

Nichtsdestotrotz fürchte ich mich davor, dass die Zahl der Toten weltweit ins Unermessliche steigt und unfassbares Leid erzeugt. Es werden nicht nur sehr viele Sterbefälle, sondern weitere Hungersnöte und bürgerkriegsähnliche Zustände vorhergesagt. Wenn man die Zustände in den Entwicklungsländern sieht, wird deutlich, in welch einem Desaster das enden könnte. Die Menschen sind während des Lockdowns von noch höherer Arbeitslosigkeit, Hunger und katastrophalen hygienischen Verhältnissen betroffen, die reihenweise Plünderungen und Aufstände nach sich ziehen. Wenn der Virus bei den Ärmsten der Armen ankommt, haben sie keine Aussicht auf medizinische Versorgung. Die wenigen Beatmungsgeräte, die es gibt, sind den Reichen vorbehalten. Dass mittellose Menschen schlechtere Überlebenschancen haben, war allerdings schon immer so. Doch ebenfalls der „reiche" Teil Europas leidet und auch das „Land der unbegrenzten Möglichkeiten" muss unfassbare Verluste hinnehmen. Eine derartig extreme weltweite Krise habe ich noch nicht miterlebt, von der bedenklichen Klimaveränderung – die ebenfalls uns alle betrifft – einmal abgesehen.

Ich kann es nicht oft genug betonen: Hoffentlich erholt sich die Menschheit davon und schafft bessere Lebensbedingungen für uns alle. So kann und darf es doch nicht weitergehen; schließlich sind wir letztlich eine Schicksalsgemeinschaft! Die Politik aller Länder muss doch endlich einsehen, dass nicht andere Völker, Länder, Religionen oder Ideologien bekämpft werden müssen, sondern all das, was die Menschheit insgesamt bedroht. Das versteht sogar ein Kind im Vorschulalter. Wieso fällt es dann erwachsenen Menschen so schwer, diese wesentliche Voraussetzung für unser Fortbestehen zu begreifen und entsprechende Handlungsschritte zu veranlassen? Vermutlich, weil sie sich von ihrem Gespür für die Natur, von der Verbindung zum Leben und von ihrer Sensibilität insgesamt zu weit entfernt haben und sich leider zu sehr von ihrer Profitgier, ihrem Egoismus und ihren Machtansprüchen leiten lassen. Andere Gründe kann ich mir nicht vorstellen. Alles, was sich gegen die Umwelt, das Klima und die Tiere richtet, richtet sich früher oder später auch gegen die Menschheit. Das ist doch keine neue Schlussfolgerung, sondern hinlänglich bekannt.

14. Verarbeitung durch Schreiben

Expressives Schreiben ist eine bewährte Methode, um emotionale Belastungen und Traumata zu bewältigen. Die therapeutische Wirkung lässt sich durch zahlreiche wissenschaftliche Studien belegen.

Durch das Schreiben kann man den Tod eines geliebten Menschen nicht ungeschehen machen. Das Schreiben sorgt auch nicht dafür, dass der Verlust weniger wehtut. Aber es kann Betroffene entlasten, energetisch aufladen und die Widerstandskraft stärken.

Mir hilft die schriftliche Auseinandersetzung mit dem Sterbeprozess meines Vaters sehr. Das Schreiben lässt mich ruhiger werden und stellt sicher, dass die Erinnerungen nicht verloren gehen. Meine Aufzeichnungen stützen mein Gedächtnis und sorgen dafür, dass ich auf der richtigen Spur bleibe. Ich muss alles, was mir wichtig ist, schriftlich dokumentieren, bevor die Erinnerungen verblassen, Gedächtnislücken und Irrtümer entstehen. Mir ist wichtig, dass ich mich an die Ereignisse möglichst genau erinnern und später alles nachlesen kann. Ich möchte sichergehen, dass ich zwischen dem, was wirklich passiert ist und dem, was sich nur in meinem Kopf bzw. der Retrospektive abgespielt hat, klar unterscheiden kann.

Wenn ich über Papas letzten Lebenstage schreibe, kann ich das, was ich in dieser schwierigen Zeit erlebt und gefühlt habe, besser begreifen, sortieren und verarbeiten. Die Tatsache, dass er nicht mehr lebt, lässt sich natürlich nicht wegsortieren und zu den Akten legen. Ich werde meinen Vater vermissen, solange ich lebe. Aber ich bin dankbar für die vielen Jahre, in denen er mich begleitet, mir beigestanden und mein Leben auf so vielfältige Weise bereichert hat. Solange ich über meinen Vater schreibe, habe ich das Gefühl, dass er noch in unmittelbarer Nähe ist. Ich kann mich über das Schreiben noch ein wenig an ihm festhalten. Es ist beinahe so, als hätten wir eine geheime Verabredung miteinander.

Sich Aufzeichnungen zu machen, ist die eine Sache, diese Aufzeichnungen zu veröffentlichen eine andere. Kann ich meine Erfahrungen einfach so preisgeben? Derart intime Details mit fremden Menschen teilen? Das Sterben ist eine sehr persönliche Angelegenheit, gewissermaßen das intimste, härteste und endgültigste, was ein Mensch je erlebt. Kann ich mit gutem Gewissen etwas darüber erzählen, ohne die Persönlichkeitsrechte meines Vaters zu verletzen? Meine Bücher über meine chronische Migräne und meinen atypischen Gesichtsschmerz enthielten auch schonungslose Einzelheiten über meine Krankheiten und die Empfindungen, die damit verbunden sind, aber da ging es vorrangig um mich selbst. In diesem Fall ist Papa der Hauptakteur. Wäre er damit einverstanden?

Aufgrund von Recherchen weiß ich, dass ich mit diesem Gewissenskonflikt nicht allein dastehe. Die Themen Tod und Sterben sind in unserer Kultur immer noch sehr verpönt. Das geht doch niemanden etwas an, das sind schließlich ganz persönliche Erfahrungen, die in die Privatsphäre anderer Menschen eingreifen – das ist wohl die übliche, gesellschaftliche Meinung dazu und sicher auch nicht völlig unbegründet. Aber Sterben geht uns alle etwas an – ohne Ausnahme! Ich möchte gern einen zusätzlichen Beitrag dazu leisten, dieses kollektive Schweigen zu brechen. Letztlich schreibe ich über die Sterbebegleitung meines Vaters, weil ich nicht anders kann – es ist mir ein starkes inneres Bedürfnis und gehört zu meiner Trauerbewältigung. Manchmal muss man sich zu etwas durchringen, was kontroverse Gefühle auslöst – auch bei mir. Wenn es Menschen gibt, die dies als Bloßstellung auffassen, dann kann ich es nicht ändern.

Im Grunde geht es auch in diesem Buch überwiegend um mich selbst, nämlich um meine Sichtweise, meine Gefühle und meine Beziehung zu meinem Vater und seinem Sterben. Ich glaube, dass Papa meine Beweggründe, ein Buch über seine Sterbebegleitung zu schreiben, verstanden hätte, wenn ich die Chance dazu gehabt hätte, sie ihm darzulegen. Meine Erinnerungen dienen keiner Sensationslust. Ich erzähle so viel wie nötig über Papas Leid und Pflegebedürftigkeit und gleichzeitig so wenig wie möglich, um ihn zu schützen.

Was ist mein vorrangiges Anliegen? Wieso ist dieses Buch so wichtig für mich?

Ich möchte darauf hinweisen, wie notwendig es ist, dass sich Menschen, die ihre Angehörigen zu Hause pflegen, auf den Sterbeprozess vorbereiten und sich rechtzeitig professionelle Unterstützung suchen. Man kann aus meinen unbeabsichtigten Fauxpas und Versäumnissen lernen und dem Sterbenden und sich selbst so viel Leid und Kummer ersparen, wenn man weiß, worauf man sich einlässt und was im besten Fall zu tun ist. Der Informationsmangel kann belastender sein als der emotionale Beistand, der zu leisten ist. Ich bin der Meinung, dass das theoretische Wissen viel mehr an Bedeutung gewinnt, wenn man begreift, was in der Praxis abläuft und was dieses innere und äußere Beteiligtsein – oder sogar der Zwiespalt zwischen Zutrauen und Resignation, in dem man bisweilen steckt – in einem Menschen auslösen kann. Deshalb ist die Vermittlung der persönlichen Erfahrung so wichtig.

Themen wie Sterben und Tod spiegeln sich in unserem kollektiven Bewusstsein wider und entsprechen einer bestimmten Trauerkultur. Deshalb verstehen pflegende Angehörige auch sehr gut, was andere Angehörige durchmachen. Natürlich trauert jeder Mensch auf seine Art und die Trauerreaktionen sind daher auch nicht unbedingt auf andere übertragbar. Dennoch gibt es viele Übereinstimmungen – das wird ganz deutlich, wenn man sich mit dem Thema näher befasst.

Als Autorin schreibe ich über alles, was mich bewegt und von dem ich glaube, dass es mir hilft und auch für andere Menschen einen Nutzen haben könnte – das ist die Idee dahinter. In diesem Fall sehe ich es als meine Aufgabe an, angemessene und verständliche Worte zu finden für das, was ich als Angehörige beim Sterbe- und Trauerprozess erlebt habe.

Buchautoren, die über ihre persönlichen Erfahrungen schreiben, erleben ihre Lebensschicksale gewissermaßen zweimal: in dem Moment, wo das Schicksal zuschlägt und in der Zeit, in der sie ihre Erinnerungen aufs Papier bringen, um ihre Erlebnisse aufzuarbeiten. Warum tun sie sich diese „Re-traumatisierung" an? Aus dem einfachen Grund, weil der therapeutische Effekt, den man daraus ziehen kann, so wertvoll ist. Aber eines ist klar: Ich werde das Buch selbstverständlich nur mit dem Einverständnis meiner Mutter veröffentlichen. Sie ist das Zünglein an der Waage.

15. Plädoyer für ein würdevolles Sterben

Mein Erfahrungsbericht ist ein Plädoyer für ein würdevolles und möglichst friedliches Sterben in der Endphase einer unheilbaren Krankheit und nicht zuletzt eine Liebeserklärung an meinen Vater!

Einen Sterbenden auf seinem letzten Lebensabschnitt zu begleiten ist für viele pflegende Angehörige eine Herausforderung, der sie anfangs eher zögerlich, skeptisch und mit vielen diffusen Ängsten begegnen. Das kann ich gut verstehen. Um uns nicht zu überfordern, müssen wir uns Fachwissen aneignen und den Mut aufbringen, uns sowohl mit dem Leben als auch mit dem Tod zu befassen, auch wenn es zunächst einmal sehr schmerzlich ist und wir uns sträuben, die Endlichkeit des Lebens zu akzeptieren. Sich mit dem Tod des Angehörigen auseinanderzusetzen schließt auch die Konfrontation mit der eigenen Sterblichkeit mit ein. Denn wie soll ich mit dem Verlust umgehen, wenn ich mir nicht meiner eigenen Verletzlichkeit und Vergänglichkeit bewusst werde?

Voraussetzung für eine gelungene Sterbebegleitung ist dementsprechend, dass das Sterben als Teil des Lebens akzeptiert und insbesondere der Tod eines älteren Menschen als etwas Natürliches und Unausweichliches begriffen wird. Die wichtigste Erkenntnis aber ist und bleibt: Wir müssen vor der Sterbebegleitung keine Angst haben – wenn wir gut darauf vorbereitet sind! Wenn wir wissen, was in etwa auf uns zukommt und was in der jeweiligen Situation zu tun ist, können wir uns voll und ganz auf diesen Ablauf, die Bedürfnisse des Sterbenden und auf unseren seelischen Beistand konzentrieren.

Uns sollte bewusst sein, dass wir unseren Angehörigen durch seine bisher größte Lebenskrise führen, die wir hautnah miterleben und die zwangsläufig mit seinem Tod enden wird. Der Sterbende braucht eine hilfreiche Hand, die ihn nicht loslässt, solange er diese Unterstützung benötigt. Er kann kein rührseliges, hilfloses Mitleid gebrauchen, sondern bedarf unseres ehrlichen Mitgefühls, aus dem die Bereitschaft erwächst, ihm beizustehen – bis zuletzt. Es ist wichtig, sich darüber klarzuwerden, ob man sich das zutraut. Niemand weiß, wie lange der Sterbeprozess dauern wird. Durchhaltevermögen ist gefragt! Nach Möglichkeit sollten Angehörige sich in der Pflege abwechseln und gut miteinander abstimmen, damit nicht die ganze Verantwortung an einer Person haften bleibt. De facto können jederzeit unvorhergesehene Komplikationen auftreten, aber in dem Fall haben wir die Möglichkeit, eine professionelle Pflegebetreuung oder ärztliche Hilfe anzufordern.

Es ist trotz der hohen Anforderung, die auf pflegende Angehörige zukommt, ein sehr tröstliches Gefühl, dem Sterbenden Gesellschaft zu leisten und Hilfestellung zu geben. Wer erleben darf, wie gut demjenigen die Unterstützung tut und wie viele schöne Momente man noch miteinander teilen kann, der ist von tiefer Dankbarkeit erfüllt, dem Angehörigen diesen letzten Dienst erweisen zu können. Sicher läuft nicht alles nach Plan. Aber das Sterben ist auch keine farbenfrohe Bilderbuchgeschichte mit Happy End, denn schließlich haben wir es immer mit dem Verlust eines geliebten Menschen zu tun und das ist furchtbar traurig. Entscheidend ist aber, dass der Sterbende nicht alleingelassen wird und in dem Tempo aus dem Leben scheiden kann, das er benötigt, um in Ruhe Abschied zu nehmen. An diesem Prozess teilzuhaben kann bei aller Betroffenheit und Belastung auch eine bereichernde und sehr ehrenvolle Aufgabe sein. Man sollte es daher eher als ein Geschenk als eine Verpflichtung betrachten.

Den Aufenthalt im Krankenhaus hätte ich meinem Vater und mir gern erspart, aber das letzte gemeinsame Wochenende mit ihm war sehr berührend. Obwohl die Sterbebegleitung zeitweilig sehr schmerzhaft und kräftezehrend war, bin ich daran gewachsen. Ich möchte diese Erfahrung auf keinen Fall missen, denn dieses Erlebnis hat uns so eng zusammengeschweißt, dass es mir Kraft gibt für alles, was auf meinem weiteren Lebensweg auf mich zukommt. Ehrlich gesagt: Wenn ich das geschafft habe, kann ich alles schaffen! Denn was soll mich jetzt noch aus der Bahn werfen? Ich bin bereits durch meine chronische Erkrankung hart im Nehmen. Aber dieses Erlebnis war noch krasser! Wenn man solch eine tiefgreifende Erfahrung gemacht hat, ist danach nichts mehr so, wie es vorher war. Man bekommt einen anderen Zugang zum Thema Sterben und entwickelt eine ganz andere Sicht auf die Beziehung zwischen Leben und Tod. Der Blick ist geschärft für das Wesentliche: Es handelt sich dabei um sehr lebendige Inhalte: um die Liebe, die uns verbindet, die Beziehung zueinander und den Zusammenhalt. Es geht um Beteiligung, Wertschätzung und Dankbarkeit, um Bedeutung und Wahrhaftigkeit. Aber auch um das Verständnis für den natürlichen Lebenskreislauf und das Urvertrauen und die Urängste eines Menschen.

Der Sterbebeistand meines Vaters hat mir einerseits gezeigt, wie stark und kämpferisch ich sein kann, aber andererseits auch, wie schwach und verwundbar ich bin. Es ist beinahe wie eine Transzendenz. Als könne man in der Stunde des Todes die Geheimnisse des Lebens entschlüsseln! Die Sterbebegleitung ist gewissermaßen auch ein Überlebenstraining für diejenigen, die zurückbleiben. Aber ich glaube nicht, dass uns eine solche Erfahrung auf unseren eigenen Tod vorbereiten kann – denn halten wir uns nicht alle in gewisser Weise für unsterblich? Ein Leben ohne mich lerne ich zeit meines Lebens nicht kennen (mit Ausnahme der Zeit, in der ich schlafe). Wir können uns nicht wirklich vorstellen, wie es sein wird, wenn unser Leben vorbei ist, auch dann nicht, wenn immer wieder Menschen um uns herum sterben. Der Gedanke ist zu abstrakt und zu beängstigend – zumindest für die meisten von uns, wenn wir mal ganz ehrlich sind. Es sei denn, es geht uns dermaßen schlecht, dass wir uns den Tod herbeisehnen.

Das Sterben meines Vaters war existenziell bedrohlich, aber gleichzeitig der von ihm ersehnte Abschluss eines glücklicherweise recht erfüllten Lebens. Ich habe in einem ganz kurzen Zeitraum begriffen, wie verletzlich und zerbrechlich die menschliche Existenz ist, aber auch wie viel Energie und Dynamik darin steckt. Kurz vor dem Tod kommt das Leben in einer Intensität in Wallung, die jede Vorstellung sprengt. Es bringt uns mit unseren tiefgründigsten und stärksten Gefühlen in Kontakt. Die Sterbebegleitung ist ein unerwartet lebendiger Prozess, ein gemeinsamer Kraftakt, und zwar so lange, bis der Tod dieses direkte Bündnis auflöst. Bis dahin ist man auf das engste miteinander verbunden, obwohl das Schicksal einen Verlauf nimmt, der unterschiedlicher nicht sein könnte. Leben und Tod sind in diesem Prozess miteinander vereint, aber gehen schlussendlich getrennte Wege. Durch die Sterbebegleitung habe ich erfahren können, wie es ist, wenn sich das irdische Dasein eines Menschen allmählich auflöst und sich der Lebenskreislauf schließt. Das ist eine höchst spirituelle Erfahrung.

Zweifellos sind meine Mutter und ich in dieser Zeit auch noch enger zusammengerückt und einander sehr nah gekommen. Die gemeinsame Sorge und Fürsorge und das geteilte Leid hat uns zu Verbündeten gemacht und uns gegenseitig gestärkt und das finde ich sehr schön.

Sowohl im alltäglichen Leben als auch im Angesicht des Todes sind wir auf den Zusammenhalt einer Solidargemeinschaft angewiesen. Das wird uns jetzt in Zeiten der Pandemie täglich vor Augen geführt. Ich würde mir sehr wünschen, dass Menschen grundsätzlich enger zusammenrücken und sich gegenseitig die Hand reichen. Aufgrund von Corona ist dies natürlich rein sinnbildlich zu verstehen.

Es kann unwahrscheinlich trostreich sein, wenn es gelingt, einen nahen Angehörigen auf eine Weise auf seinen Tod vorzubereiten, dass ihm unnötige Ängste und Qualen erspart bleiben, und wer wünscht sich das nicht? Wenn man sieht, dass der Betroffene ohne Schmerzen und extreme innere Unruhe einen sanften Tod erleben darf, fällt der Abschied von dem geliebten Menschen nicht ganz so schwer. Es ist beruhigend zu wissen, dass er palliativmedizinisch gut versorgt wird und man selbst alles dafür tun kann, um ihn in der letzten Phase seines Lebens liebevoll zu begleiten. Ein würdevolles Sterben zu ermöglichen bedeutet, dass die Lebensqualität und der Wunsch des Sterbenden im Vordergrund steht und nicht der Lebenserhalt um jeden Preis.

Dafür, dass wir suboptimal darauf vorbereitet waren, haben meine Mutter und ich dennoch die Herausforderung der Sterbebegleitung angenommen und uns ganz wacker geschlagen. Letztlich sind sicher das Zusammengehörigkeitsgefühl, die Fürsorglichkeit, die Beharrlichkeit, das Füreinander eintreten und nicht zuletzt die Intuition ausschlaggebend für einen liebevollen Sterbebeistand. Die besten Pflegetipps nützen nichts, wenn die Angehörigen nicht bereit und in der Lage dazu sind, die notwendige Krankenpflege mit Herz und Verstand zu übernehmen und dem Sterbenden in allen Belangen beizustehen. Ohne Frage habe ich hier und da geschwächelt und nicht alles richtig gemacht, aber das passiert, wenn einem die Betreuung des Sterbenden sehr viel abverlangt und man ab einem gewissen Punkt ganz allein vor solch einer gewaltigen Aufgabe steht. Inzwischen habe ich damit meinen Frieden geschlossen und eingesehen, dass ich das Recht habe, meine Grenzen zu ziehen und die Verantwortung abzugeben, wenn ich selbst keine Kraft mehr habe. Schließlich hat man nicht nur eine Fürsorgepflicht gegenüber dem sterbenden Angehörigen, sondern auch sich selbst gegenüber.

Es gibt Menschen, (durchaus auch Palliativmediziner) die überzeugt davon sind, dass viele Leute auf die Art sterben, wie sie gelebt haben:

1. Allein, abgeschottet und qualvoll
2. Rastlos, trotzend und verbittert
3. Umsorgt, friedlich und furchtlos

Ich bin bei derartigen Verallgemeinerungen äußerst vorsichtig, denn diese Behauptungen bestätigen sich in vielen Fällen auch nicht. Außerdem stellt sich dabei grundsätzlich die Frage nach der Vorerkrankung und der medizinischen Versorgung. Aber was ich mir durchaus vorstellen kann, ist Folgendes: Wer liebevoll mit sich und in inniger Verbundenheit mit anderen lebt, für den steigt die Wahrscheinlichkeit, auch in liebevoller Gemeinschaft zu sterben. Wer sich zu Lebzeiten zu sehr isoliert, nur um sich selbst kreist, in menschlichen Kontakten oberflächlich bleibt, zu stark an materiellen Werten festhält und eine negative Grundstimmung hat, für den steigt das Risiko, ohne entsprechenden Beistand sterben zu müssen. Denn wer sollte sich um einen kümmern, wenn man niemanden in sein Leben einlädt? Ein bisschen ernten wir mitunter doch, was wir säen. Man sollte sein aktives Leben dazu nutzen, sich ein soziales Netzwerk aufzubauen, das einen in der Not auffängt. Dafür hat mein Vater gesorgt – deshalb musste er am Ende seines Lebens auch nicht befürchten, dass er im Stich gelassen wird. Mein Vater wurde und wird geliebt – nicht für seinen beruflichen Status und für das, was er materiell besessen oder sich wirtschaftlich erarbeitet hat, sondern für seinen ideellen Lebensbeitrag. Die Tatsache, dass er ein liebenswerter Mensch gewesen ist, dem das Wohlergehen der Familie über alles ging. Der Charakter macht den Menschen aus – nichts anderes!

Meine Mutter hat so gut und so lange für meinen Vater gesorgt wie möglich und ihm das zurückgeben können, was er zeit seines Lebens für seine Familie getan hat und immer selbstverständlich für ihn war.

Und noch etwas kommt zum Tragen: Mein Vater hat sich nie über sein Leben beschwert und alles, was kam, bereitwillig hingenommen. Er hat auch den Sterbeprozess akzeptiert, ohne sich ein einziges Mal darüber zu beklagen, mit seinem Schicksal zu hadern oder sich massiv dagegen zur Wehr zu setzen. Er ist sich selbst treu geblieben – bis zum Schluss! Das finde ich bewundernswert. Wenn meinem Vater etwas schwerfiel, dann mit Sicherheit der Umstand, seine Angehörigen zurücklassen zu müssen und ihnen damit Kummer zu bereiten. Dass er zuallerletzt im Alleingang gestorben ist, entspricht zweifellos seinem Charakter und ist daher stimmig.

Das Sterben ist zurzeit in den Medien in einer Weise präsent wie nie zuvor. Der Tod ist allgegenwärtig! Das war er im Grunde immer schon, es war uns in der westlichen Welt nur nicht so bewusst. Wir verdrängen diese Tatsache gern. Einschlägige Medien wollen uns weismachen, dass wir sowohl den natürlichen Alterungsprozess als auch das Sterben beliebig hinauszögern können. Die Medizin hat so vieles möglich gemacht. Sie ist in der Tat in der Lage, unser Leben zu verjüngen und zu verlängern und uns starke Schmerzen zu nehmen. Sie hat viele schwere Erkrankungen so weit im Griff, dass man ganz gut damit leben kann. Solange medizinische Eingriffe im Interesse und zum Wohlergehen der Patienten vorgenommen werden, ist dagegen nichts einzuwenden. Aber Menschen sterben – das ist ein Naturgesetz. Auch wer Geld hat und sich alles leisten kann, muss mit der Gewissheit seiner Sterblichkeit leben.

Aus der Sicht der Entwicklungsländer haben wir in Deutschland Luxusprobleme. Dennoch trauern die Menschen dort wie hier über den Verlust ihrer Angehörigen. In dem Moment, wo wir einen geliebten Menschen verlieren, ist der Schmerz groß – unabhängig davon, in welchem Land wir leben und an welcher Krankheit jemand stirbt. Auch wenn wir über eines der besten Gesundheitssysteme der Welt verfügen und ich natürlich sehr froh bin, dass ich in Deutschland lebe, fühle ich mich im Augenblick nicht privilegiert, sondern trauere schlicht über den Tod meines geliebten Vaters, der bekanntermaßen nicht an dem Virus erkrankt und gestorben ist.

Meine Hoffnung besteht darin, dass wir alle nicht nur intellektuell verstehen, dass das Leben und der Tod zusammengehören und dass das Sterben jeden Einzelnen von uns betrifft, sondern dass wir es auch gefühlsmäßig an uns herankommen lassen, ohne uns wegzuducken, daran zu verzweifeln oder gar in regelrechte Panik zu geraten. Wir müssen uns endlich mit der Tatsache unserer Vergänglichkeit abfinden, denn wir befinden uns in ständiger Lebensgefahr. Nicht nur während einer Pandemie, sondern an jedem Tag unseres Lebens. Irgendwann kommt für jeden Menschen der Tag des Abschieds. Ausnahmslos! Denn es verhält sich so, wie meine Oma es immer ganz richtig und recht trocken auf den Punkt brachte:

„Der Junge kann, der Alte muss! Es ist noch niemand hiergeblieben."

Aus den wenigen Sätzen, die ich Samstagnacht vor Papas Tod im stillen Kämmerlein an ihn gerichtet habe, ist innerhalb von drei Monaten – wie von selbst – ein ganzes Buch entstanden.

Ich wünsche allen Menschen, die einen schwer kranken Angehörigen auf seinem letzten Lebensweg begleiten, ganz viel Kraft in der Zeit des Beistands und ganz besonders für die Zeit, wenn der Abschied gekommen ist. Die Sterbebegleitung ist ein gemeinsames, liebevolles Herantasten an das endgültige Abschied nehmen und kann zu den intimsten und berührendsten Erlebnissen gehören, die Menschen miteinander teilen können. So nah ist man sich vermutlich noch nie gekommen. Daher ist diese Zeit etwas ganz Besonderes und eine Erfahrung, die man nie vergisst. Durch dieses tiefgreifende Erlebnis besteht nicht nur die Chance, die Scheu vor dem Tod zu verlieren, sondern auch, Lebensinhalte neu zu überdenken. Es kann dazu beitragen, wahrhaftiger im Hier und Jetzt anzukommen und insgesamt achtsamer zu werden. Das Leben ist so kostbar, aber eben auch begrenzt. Wir sollten es nicht mit lauter Nichtigkeiten füllen und uns über jede Kleinigkeit aufregen.

Mein Papa ist jetzt fast ein Jahr tot. Nach wie vor hat er einen ehrenvollen Platz in meinem Herzen, der von keinem anderen Menschen besetzt werden kann – denn jeder Vater und jede Mutter ist im Leben ihrer Kinder einmalig und unersetzlich. Ihr Vermächtnis und die Erinnerung an sie kann nicht verloren gehen, solange Menschen da sind, die sie lieben. Wenn unsere Eltern sterben, können sie nicht mehr bei uns sein und an unserem Leben teilhaben – das ist Fakt. Aber die energetische Verbindung zwischen Eltern und Kindern reißt niemals ab. Die mütterliche und väterliche Energie fließt weiter, solange ihre Kinder am Leben sind. Das ist zweifellos das größte Geschenk, das sie uns – und wir uns selbst – machen können. Wahrzunehmen, dass der geliebte Mensch in unserem Inneren weiterlebt, als Energiequelle, die uns allezeit Kraft spendet. Wir werden bis an unser Lebensende mit mütterlicher und väterlicher Liebe und Vitalität versorgt. Das ist das Einzigartige an einer Eltern-Kind-Beziehung: Dieses lebenslange, unzerstörbare Bündnis – über den Tod hinaus.

Fachliche Informationen und praktische Hilfestellungen zum Thema Sterbebegleitung und Trauerbewältigung

Auf den nun folgenden Seiten biete ich fachliche Informationen und praktische Hilfestellungen zum Thema Sterbebegleitung und Trauerbewältigung an. Es handelt sich überwiegend um Fachwissen aus dem Netz, aber es fließen auch persönlich mitgeteilte Erfahrungen von Angehörigen und Pflegekräften mit ein. Es sind Hinweise, die in der Pflege von Schwerkranken und der Betreuung trauernder Angehöriger bedacht werden sollten und die ich für sehr sinnvoll und hilfreich halte.

1. Muss ich meinen Angehörigen pflegen und Sterbebegleitung leisten?

Die Antwort darauf lautet ganz klar: Nein! Angehörige sind nicht dazu verpflichtet, Sterbebegleitung zu leisten und sollten auch nicht dazu gedrängt werden. Nicht jede Person fühlt sich in der Lage, diese durchaus anspruchsvolle und komplexe Aufgabe zu erfüllen. Sei es, weil sie selbst hochbetagt, zu krank oder zu stark belastet ist oder sei es, weil sie zu weit entfernt wohnt oder die familiäre und/oder berufliche Situation es nicht zulässt, einen so umfangreichen Pflegeaufwand zu betreiben. Auch wenn man sich dieser Aufgabe emotional nicht gewachsen fühlt, ist es völlig legitim, sich gegen eine Sterbebegleitung zu entscheiden. Man muss ehrlich zu sich und anderen sein und sollte zu seinem Entschluss stehen. Es nützt einem Pflegebedürftigen nichts, wenn sich der Angehörige völlig überfordert fühlt, seine eigene Gesundheit aufs Spiel setzt und womöglich schwerwiegende Fehler in der Pflegepraxis begeht. Nicht umsonst sind die Alten- und Krankenpflege Ausbildungsberufe!

Wichtig wäre, rechtzeitig dafür zu sorgen, dass der schwer kranke Patient eine entsprechende professionelle Unterstützung erhält. Auf keinen Fall sollte erst mit der Suche begonnen werden, wenn der Sterbeprozess bereits eingesetzt hat, sondern zu einem deutlich früheren Zeitpunkt. Man muss den betroffenen Angehörigen über die gängigen Versorgungsmöglichkeiten aufklären – falls ihm diese nicht bekannt sind – und in Erfahrung bringen, welche Form der Hilfestellung sich der Kranke vorstellen kann bzw. sich wünscht. Allerdings muss auch klar kommuniziert werden, falls eine Versorgung – wie z. B. die häusliche Pflege bis zum Lebensende – aus verschiedenen Gründen nicht in Betracht kommt.

Es sollte ebenfalls nicht versäumt werden, sich zeitnah um die Feststellung eines Pflegegrads zu kümmern. Dafür ist es erforderlich, sich mit der zuständigen Krankenkasse in Verbindung zu setzen. Diese schickt dann einen Antrag, den man vollständig ausgefüllt zurückschicken muss. Dann macht der Medizinische Dienst der Krankenversicherung einen Termin zur Überprüfung des Pflegegrads. Von Vorteil ist, wenn man sich vor diesem Termin Stichpunkte über die Einschränkungen und den Pflegeaufwand macht, um gut vorbereitet in das Gespräch zu gehen.

Auch um ein Testament, eine Betreuungsverfügung und Vorsorgevollmacht sowie eine Patientenverfügung muss man sich Gedanken machen. Es gibt in dieser Frage kein „zu früh", allenfalls ein „zu spät".

2. Wo finde ich praktische Hilfe?

Hausarztversorgung

In manchen Hausarztpraxen wird eine palliativmedizinische Versorgung angeboten. Sollte das nicht der Fall sein, kann man mit dem Hausarzt/der Hausärztin zumindest über die Möglichkeiten der Palliativmedizin sprechen. Im Wartezimmer liegt für gewöhnlich auch reichhaltiges Informationsmaterial von ambulanten Pflegediensten aus.

Pflegeberatung

Vielerorts gibt es Pflegestützpunkte, die Pflegeberatung anbieten. Adressen findet man bei der Stiftung „Zentrum für Qualität in der Pflege" (ZQP) in einer kostenlos zugänglichen Datenbank: http:// bdb.zqp.de/. Es reicht aber auch, das jeweilige Stichwort und einen Ort in die Suchmaschine einzugeben, um auf die entsprechende Seite zu gelangen.

Ambulante Pflegedienste/Sozialstationen

Der ambulante Pflegedienst sowie die Sozialstation bieten sowohl Grundpflege als auch Intensivpflege an. Bei Bedarf kann eine hauswirtschaftliche Versorgung sichergestellt werden. Bei der Grundpflege wird der Pflegebedürftige regelmäßig bei der Körperpflege, beim Toilettengang, beim Bekleiden und Entkleiden, bei der Vergabe der Medikamente und – wenn nötig – beim Anreichen der Mahlzeiten unterstützt. Pflegedienste bieten auch eine Tagespflege und einen Besuchs- und Begleitdienst an. Es lohnt sich auf jeden Fall, den Leistungskatalog und die Preise der jeweiligen Anbieter miteinander zu vergleichen, da die Preise stark variieren können.

Hausnotruf

Der Hausnotruf ist besonders Senioren bzw. Menschen mit Vorerkrankungen, die allein wohnen, zu empfehlen. Der Notknopf wird am Armband oder am Gürtel befestigt oder an einem Band um den Hals getragen. Betätigt man den Notknopf, wird man mit dem entsprechenden Dienstleister verbunden, der dann versucht, telefonisch Verbindung aufzunehmen bzw. weitere Hilfeleistungen veranlasst. (Benachrichtigung von Pflegediensten oder Angehörigen, die einen Schlüssel zur Wohnung haben. In schweren Fällen wird die Anforderung eines Rettungsdienstes nötig.)

Polnische Pflegekräfte

Nach der Devise „Lieber daheim als Heim!" besteht die Möglichkeit, eine Pflegekraft aus Polen einzustellen, die mit im Haushalt des Pflegebedürftigen wohnt. Der Pflegekraft muss natürlich ein eigenes Zimmer zur Verfügung gestellt werden – freie Kost und Logis inbegriffen. Der Vorteil liegt auf der Hand: Persönliche und flexible Betreuung in den eigenen vier Wänden. Die Kosten können niedriger ausfallen als im Pflegeheim. Aber die Chemie muss stimmen! Da man sehr stark aufeinander bezogen ist, wäre es fatal, wenn man nicht gut miteinander auskommt. Auch die Sprachbarriere kann sich nachteilig auswirken. Ein weiterer Minuspunkt: Es finden in der Regel häufige Wechsel statt. Viele Pflegekräfte bleiben maximal drei Monate, was sich besonders bei älteren Menschen als problematisch erweist, da für sie Kontinuität meistens sehr wichtig ist. Eine feste Bezugsperson wäre daher sehr zu empfehlen. Man muss sich also gut überlegen, ob diese Betreuungsform für den Pflegebedürftigen überhaupt infrage kommt.

Palliativstützpunkt

Die Spezialisierte Ambulante Palliativversorgung (SAPV) ist in Deutschland seit 2007 ein gesetzlich geregelter Rechtsanspruch! Die Versorgung ist allerdings noch nicht flächendeckend ausgebaut. Das heißt im Klartext: Es besteht ein rechtlicher Anspruch – aber es gibt eine große Versorgungslücke! Je nachdem, in welchem Bundesland man lebt und ob man seinen Wohnsitz in ländlicher Umgebung oder in der Großstadt hat, steigen oder schwinden die Chancen auf eine gute Palliativversorgung. Umso wichtiger ist es, die Versorgung in der unmittelbaren Umgebung abzuklären.

Der Palliativstützpunkt bietet ambulante Beratung und Palliativversorgung in häuslicher Umgebung und Pflegeeinrichtungen an. Voraussetzung für die häusliche Versorgung ist eine Überweisung vom Hausarzt. Es steht ein 24-Stunden-Bereitschaftsdienst zur Verfügung. Die Angehörigen erhalten eine Telefonnummer, unter der sie jederzeit medizinische Hilfe anfordern können. Die Palliativmedizin setzt sich zur Aufgabe, die Lebensqualität des Patienten zu verbessern und ihr Leiden im Endstadium einer schweren Erkrankung zu lindern. Der Palliativstützpunkt kooperiert gelegentlich mit ambulanten Hospizdiensten. Das Fortbildungsangebot „Letzte-Hilfe-Kurs" vermittelt Grundwissen und Orientierung im Umgang mit Sterbenden und richtet sich an alle Personen, die sich über das Sterben, den Tod und eine mögliche Palliativversorgung informieren möchten. Auch Auskünfte über Vorsorgevollmacht und Patientenverfügung sind Teil dieser Fortbildung.

Ambulante Hospizdienste

Ambulante Hospizdienste bieten vielfältige Unterstützung bei der Pflege und der psychosozialen Betreuung des Sterbenden an. Die Hilfe kann sowohl in der praktischen Sterbebegleitung und der Übernahme von Nachtwachen – zur Entlastung der pflegenden Angehörigen – als auch der anschließenden Trauerarbeit mit den Angehörigen bestehen. Begleitungen durch ambulante ehrenamtliche Hospizdienste finden meist zu Hause, aber ebenso in stationären Pflegeeinrichtungen oder im Krankenhaus statt. Welche Hilfen im Einzelnen angeboten und in welchem Umfang sie geleistet werden können, muss man in dem jeweiligen Hospizdienst erfragen.

Stichwort: Wegweiser Hospiz und Palliativversorgung

Stationäres Hospiz

Das stationäre Hospiz beherbergt unheilbar kranke Menschen in ihrer letzten Lebensphase. Voraussetzung für eine Aufnahme ist, dass die Betroffenen an einer schweren, unheilbaren und weit fortgeschrittenen Krankheit leiden, bei der das Lebensende absehbar ist (aller Voraussicht nach innerhalb der nächsten Tage, Wochen oder Monate). Die Überweisung in ein Hospiz muss vom Hausarzt oder einem Krankenhausarzt vorgenommen werden. Das Behandlungskonzept besteht aus „Palliative Care". Gemeint ist die aktive, eingehende und ganzheitliche Betreuung Schwerstkranker. Sie beginnt ab dem Zeitpunkt, da ihre Erkrankung nicht mehr auf eine heilungsorientierte Behandlung anspricht und wird bis zum Lebensende fortgeführt. Ein weiterer wichtiger Aspekt besteht darin, den Angehörigen Beistand zu leisten, solange der Patient lebt und über dessen Tod hinaus. Die Bedürfnisse und Rechte der Hospizgäste und ihrer Angehörigen stehen im Mittelpunkt der Arbeit. Eine umfassende Betreuung wird durch ein interdisziplinäres Team sichergestellt. Ärzte, Pflegefachkräfte, Sozialarbeiter und Seelsorger sowie ein Stamm von ehrenamtlichen Helfern kümmern sich liebevoll um die Erfordernisse und Wünsche der Gäste. Im Vordergrund stehen die Schmerzlinderung zur Steigerung der Lebensqualität sowie die Symptomkontrolle. Außerdem gilt es die Selbstbestimmung schwerstkranker Menschen so weit wie möglich zu erhalten, das heißt vor allem auch, ihre Integrität und Würde zu respektieren und sich darum zu bemühen, den Gast liebevoll und wertschätzend bis an sein Lebensende zu begleiten. Die Unterbringung in einem Hospiz ist sicherlich eine der besten Versorgungsmöglichkeiten, die wir in Deutschland haben, zumal sie nicht zuzahlungspflichtig ist. Die Krankenkasse und die Pflegekasse übernehmen die Hauptkosten. Der Hospizträger leistet den verbleibenden Anteil von zehn Prozent vom Tagessatz.

Unterbringung in einem Pflegeheim

Wenn die Versorgung zu Hause nicht mehr möglich ist, bleibt oft nur die Unterbringung in einer stationären Pflegeeinrichtung. Vielen Menschen bleibt der Gang ins Pflegeheim aufgrund einer schweren Erkrankung oder infolge ihrer altersbedingten Gebrechlichkeit nicht erspart, insbesondere dann, wenn sie allein leben, sturzgefährdet sind oder fortgeschrittene Anzeichen einer demenziellen Erkrankung zeigen. Die Unterbringung in einem Pflegeheim kann viele Vorteile bieten und eine große Entlastung bedeuten. Aber die wenigsten Schwerkranken können sich mit dem Gedanken anfreunden, ihr gewohntes Umfeld zu verlassen und in eine betreute Einrichtung zu ziehen. Die Angst vor dieser starken Lebensveränderung ist nachvollziehbar. Den Betroffenen wird klar, dass diese Entscheidung nicht mehr umkehrbar ist. Ihnen wird bewusst, dass dies ihr letzter Wohnsitz sein wird. Sie möchten ungern ihre bisherige Autonomie und die Sicherheit ihrer gewohnten und vertrauten Umgebung aufgeben. Viele Menschen, die ins Pflegeheim ziehen, haben Angst vor unzureichender Aufmerksamkeit und Vereinsamung. Sie befürchten, dass es Mängel und Engpässe in der pflegerischen Versorgung geben könnte. Die Angst, sich in der neuen Umgebung nicht zurechtzufinden und in eine Depression zu verfallen, ist nicht ganz unberechtigt. Dennoch erscheint es vielen Angehörigen als der einzige Ausweg, wenn alle anderen Hilfsmöglichkeiten ausgeschöpft sind, sie an ihre Belastungsgrenze stoßen und eine Fremdunterbringung aufgrund der Schwere der gesundheitlichen Probleme unvermeidlich ist. Man kann nur hoffen, dass sich der Pflegebedürftige besser eingewöhnt als erwartet und das Pflegeheim ein gutes Konzept hat. Ausschlaggebend ist, dass die Pflegekräfte respektvoll und einfühlsam mit den Bewohnern umgehen. Der Vorteil einer Heimunterbringung könnte darin bestehen, dass sich der pflegende Angehörige von der Belastung der Pflege erholen und sich dem Schwerkranken wieder aufmerksamer und liebevoller zuwenden kann. Das kann sicher für beide Seiten ein Gewinn sein.

Sollte nur eine vorübergehende Pflege notwendig sein, kann man auch eine Kurzzeitpflege im Pflegeheim in Anspruch nehmen.

Der ärztliche Bereitschaftsdienst

Der ärztliche Bereitschaftsdienst kann in der Nacht, am Wochenende und an Feiertagen benachrichtigt werden. Die einheitliche Nummer ist die 116 117 (deutschlandweit, ohne Vorwahl, kostenlos im Festnetz und per Handy erreichbar). Allerdings kommt der Bereitschaftsdienst nur dann infrage, wenn die Erkrankung/die gesundheitliche Lage nicht lebensbedrohlich scheint.

Bei jedem lebensbedrohlich erscheinenden Gesundheitszustand bitte sofort die 112 wählen!

Krankenhaus/Palliativstation

Das Krankenhaus ist für viele unheilbar kranke Menschen die letzte Aufenthaltsstation in ihrem Leben. Mit der Aufnahme ins Spital ist bei vielen Betroffenen der Gipfel der gesundheitlichen Krise erreicht. Falls das Krankenhaus darüber verfügt, empfiehlt sich eine Aufnahme in der Palliativstation, denn da ist man auf die Betreuung von Sterbenden spezialisiert. Dort kann man den schwer kranken Patienten die Angst und die Schmerzen nehmen und sie in Würde sterben lassen. Allerdings wird dort nicht gewährleistet, dass der Sterbende bis zuletzt auf der Station verbleiben kann. Es kommt vor, dass der Patient nach einigen Tagen wieder entlassen wird, wenn sein Gesundheitszustand stabil ist und der Sterbeprozess nicht unmittelbar bevorsteht. Das heißt, er verlässt das Krankenhaus nach der akuten Versorgung und verstirbt letztlich dann doch zu Hause oder im Pflegeheim. Alternativ zu der Palliativstation kann der Patient auf der Intensivstation entsprechend versorgt werden, sofern er eine Patientenverfügung hat, die dies ermöglicht. Es stellt sich die Frage, ob eventuell ein Palliativmediziner hinzugezogen werden kann, um dessen entsprechende Erfahrung mit einfließen zu lassen. Krankenhäuser verfügen auch über ein Ethikkomitee, das in Krisensituationen berät.

Aber Fakt ist und bleibt, dass die meisten Menschen in Krankenhäusern und Pflegeheimen sterben und nicht – wie von den meisten gewünscht – zu Hause im eigenen Bett! Es mag tröstlich sein, dass die Pflege im Krankenhaus – bei optimaler Betreuung – besser ausfällt als zu Hause. Nicht weil es keine adäquaten Möglichkeiten einer entsprechenden Palliativversorgung gäbe, sondern weil sie nicht ausgeschöpft werden. Vereinzelt gibt es sicher auch Menschen, die nicht unter starken Begleitsymptomen leiden und tatsächlich einen recht sanften Abschied erleben dürfen. Aber dass das Sterben in der finalen Phase völlig unkompliziert verläuft und keiner gesonderten Hilfeleistung bedarf, ist eher die Ausnahme.

Seelsorge („Spiritual Care")

Am Ende des Lebens ist es für viele Sterbende sehr tröstlich, wenn sie von einem Geistlichen betreut werden. In allen Glaubensgemeinschaften gibt es Vertreter, die sich ihrer Mitglieder annehmen. Diakonie und Kirche sind auf die Betreuung Schwerkranker spezialisiert und bieten christlichen Beistand in der letzten Lebensphase. Bekehrungen, gemeinsame Gebete und Glaubensbekenntnisse sowie die Bitte um Vergebung erleichtern den Abschied und geben den Sterbenden Halt und Trost. Auch in Pflegeheimen, Hospizen und Krankenhäusern kann ein seelsorgerischer Beistand angefordert werden.

3. Das Sterben und den Tod planen

Das klingt im ersten Moment vielleicht seltsam und möglicherweise sogar ein wenig makaber. Aber Planung ergibt in jedem Fall Sinn! Wir planen in unserer zivilisierten Welt beinahe alles: eine Urlaubsreise, einen runden Geburtstag, den Junggesellenabschied, die bevorstehende Hochzeit und nicht zuletzt die Geburt eines Kindes. Die zukünftigen Eltern gehen zu Geburtsvorbereitungskursen, die Frau lässt Ultraschallaufnahmen beim Gynäkologen machen und wünscht sich die Zusicherung vom Arzt, dass die Schwangerschaft – aller Voraussicht nach – reibungslos verläuft. Regelmäßige Untersuchungen des Mutterleibes und Gespräche über den Verlauf der Schwangerschaft sind Standard und beruhigen die werdende Mutter. Über solch eine umfangreiche Überwachung kann eine einheimische Dschungelbewohnerin aus Papua-Neuguinea vermutlich nur müde grinsen und den Kopf schütteln. Aber wir verfügen nun einmal über die technischen Möglichkeiten solcher Voruntersuchen und zweifellos geben sie den künftigen Eltern viel Sicherheit. Sie können sich nun ganz auf die Geburt ihres Kindes einstellen und wissen, dass sie im Vorfeld alles getan haben, was möglich ist, damit das Baby einen guten Start ins Leben hat. Wieso erscheint es uns normal, die Geburt eines Kindes gut vorzubereiten und jedes Detail gedanklich und – soweit dies möglich ist – praktisch durchzuspielen, sehen aber nicht ein, dass es genauso wichtig ist, auch den Abschied vom Leben gut vorzubereiten, damit das Lebensende nicht so verwirrend, hart, einsam und leidvoll wird? Eines ist klar: Wir alle haben Angst vor dem, was uns erwarten könnte. Aber wird die Angst geringer, wenn wir unvorbereitet mit dem tödlichen Verlauf einer Krankheit in Kontakt kommen? Aus eigener Erfahrung kann ich versichern: Nein! Auf keinen Fall!

Mein Appell an alle, die einen schwer kranken Angehörigen zu Hause haben lautet daher:

Kümmert Euch rechtzeitig um eine gute palliativmedizinische Versorgung.
Niemand kann Euch Auskunft darüber geben, was „rechtzeitig" bedeutet.
Der Tod tritt oftmals schneller als erwartet ein. So wie in unserem Fall.
Schiebt es daher nicht auf die lange Bank,
auch wenn es einem schwer fällt und sich seltsam anfühlt,
sich auf den Tod vorzubereiten,
solange der geliebte Mensch noch aktiv am Leben teilnimmt.
Bezieht den Schwerkranken – so weit wie möglich – in die Überlegungen mit ein.
Schließlich geht es in erster Linie um sein Recht,
in Würde leben und sterben zu können.
Wenn er mental dazu in der Lage ist sich zu äußern,

steht sein Wille im Vordergrund.
Der Wunsch des Sterbenden muss aber in der familiären Um-
gebung auch realisierbar sein.
Schaut vorsorglich nach einem Pflegeplatz in einem Senioren-
heim oder in einem Hospiz –
falls die Pflege zu Hause nicht bis zuletzt zu gewährleisten ist.
Nutzt den zeitlichen Vorsprung, den Ihr habt.
Die Chance, in aller Ruhe die wichtigsten Dinge zu regeln!
Informiert Euch, holt Euch Unterstützung und seid gewappnet
–
dann könnt Ihr Euch ganz gezielt auf die letzte Lebensphase des
Angehörigen konzentrieren
und wisst den geliebten Menschen in guter fachlicher Fremd-
betreuung
oder seid selbst in der Lage, Euren Angehörigen bis zu seinem
Lebensende zu begleiten.
Alles ist besser, als von den ersten Anzeichen des Todes über-
rascht zu werden
und dann nicht zu wissen, was zu tun ist.
Also organisiert Euch früh genug,
damit Euch die Symptome, die vor dem Tod auftreten können,
nicht überwältigen
und dazu führen, dass sich Eure Angst und Eure Unsicherheit
auf den Sterbenden überträgt
und ihm den Abschied unnötig schwer macht.
Habt keine Angst davor, etwas falsch zu machen.
Vieles wird aus dem Bauchgefühl heraus
und in tiefer Verbundenheit mit dem Angehörigen
automatisch richtig gemacht.
Vertraut also Eurem Gespür.
Alles ist besser, als vor Schreck erstarrt zu sein und sich abzu-
wenden.
Tut einfach das, was Ihr für richtig haltet.
Aber Fachwissen zu haben, ist in vielen Fällen notwendig
und zweifellos in jedem Fall ein echtes Geschenk.
Es macht vieles einfacher.
Wenn Wissen und Intuition zusammenkommen,

habt Ihr ein wertvolles Gesamtpaket, mit dem Ihr Eure Angehörigen gut versorgen könnt.
Ganz sicher!

Wenn wir eingesehen haben, dass wir das Unvermeidliche planen müssen, um besser damit zurechtzukommen und den Sterbenden angemessen begleiten zu können, können wir systematisch damit beginnen, uns auf den langsam näher rückenden Abschied von unserem Angehörigen vorzubereiten. Folgende Punkte können dabei hilfreich sein:

- Mit dem kranken Angehörigen offen über Wünsche und Ängste sprechen.
- Einschlägige Literatur beschaffen/Interneteinträge zum Thema lesen.
- Gespräch mit dem Hausarzt oder dem zuständigen Facharzt suchen.
- Die Möglichkeiten der örtlichen Sterbebegleitung abklären bzw. Anlaufstellen kontaktieren.
- Eventuell die Fortbildung „Letzte-Hilfe-Kurs" eines Palliativstützpunktes nutzen.
- Sich über Möglichkeiten und Grenzen des eigenen Hilfsangebotes klarwerden.
- Sich mit der Familie beraten und gegebenenfalls um Unterstützung bitten.
- Immer wieder offen darüber reden, was einen bewegt und das Thema Sterben nicht aussparen, sofern der kranke Angehörige dies zulässt (beispielsweise Bestattungswünsche klären).
- Verbale und nonverbale Zeichen der Liebe und Verbundenheit setzen.
- Dem Schwerkranken versichern, dass man ihn bis zuletzt bestmöglich unterstützen wird, dass die Familie zusammenhält und er oder sie beruhigt gehen kann, wenn es so weit ist.

- Betreuungsverfügung und Vorsorgevollmacht, Patientenverfügung, Generalvollmacht und Testament ausstellen (falls gewünscht und noch nicht geschehen).
- Mit dem Schwerkranken alle Möglichkeiten der Betreuungsangebote durchsprechen.

Bevor der Sterbeprozess einsetzt:

- Letzte Wünsche besprechen und gegebenenfalls erfüllen.
- Sich ganz konkret über mögliche Begleitsymptome der Sterbephase informieren, die Möglichkeiten der Linderung aufschreiben und die Notizen für den Ernstfall bereithalten.
- Telefonnummern von Pflegediensten, Palliativstationen etc. für den Bedarfsfall notieren.
- Immer auf die Bedürfnisse der kranken Person achten und sich darauf einstellen, aber auch eigene Bedürfnisse wahrnehmen und berücksichtigen. (Pausen einrichten!)
- Wenn der Sterbeprozess voranschreitet, dafür sorgen, dass man sich selbst nicht zu viel zumutet, denn eine Überforderung bedeutet ebenfalls eine zusätzliche Belastung für den Schwerkranken.
- Darauf achten, in einem guten Kontakt mit dem Sterbenden zu sein und ihn in ruhiger Atmosphäre so behutsam zu begleiten wie möglich. Ihn gegebenenfalls so rücksichtsvoll wie möglich auf einen Umzug in eine Pflegeeinrichtung oder das Krankenhaus vorbereiten.
- Die Entscheidung treffen, ob bzw. wann professionelle Hilfe erfolgen muss.

Zur „Planung" zählt natürlich auch, dass man notwendige Medikamente, medizinische Geräte und Pflegemittel bereithält. Wichtig in diesem Zusammenhang ist die Erstellung eines Notfallplans mit einzelnen Handlungsschritten.

Eventuell wird ein Pflegebett und/oder ein Toilettenstuhl benötigt. Je nach Behinderungsgrad ist ein Gehstock, ein Rollator oder ein Rollstuhl zur Fortbewegung erforderlich. In schwereren Fällen könnten ein Sauerstoffgerät, eine Infusions- oder Schmerzpumpe oder ein Absauggerät notwendig sein. Pflegeprodukte wie Gummihandschuhe, Einmalwaschlappen, Inkontinenz-Einlagen, Einweghosen, eine Urinflasche, Betteinlagen und Utensilien zur Körperpflege sollten ausreichend vorhanden sein. Ebenso Cremes und Salben für die Behandlung der Haut, eine Schnabeltasse, Hydrolate (aromatisiertes Wasser) zur Befeuchtung der Haut und der Mundschleimhaut, Reinigungsstäbchen und Sprühfläschchen, ein Gebissreiniger und eventuell Verbandsmaterial (beim Wundliegen vonnöten). Falls der Angehörige nachts noch selbstständig aufstehen kann, sollten im Schlafzimmer, im Flur und im Badezimmer unbedingt Nachtleuchten angebracht werden, damit die Sturzgefahr verringert wird.

Sollte doch noch ein Krankenhausaufenthalt vonnöten sein, muss man neben der üblichen Kleidung und der gängigen Hygieneartikel an Folgendes denken:

- Personalausweis
- Versichertenkarte
- Medikamentenplan/Medikamente
- Patientenverfügung
- letzter Ärztebrief
- Kontaktdaten der Angehörigen

4. Woran erkenne ich, dass die Sterbephase bereits eingesetzt hat?

Es gibt eine Reihe an Merkmalen und Symptomen, an denen man erkennt, dass die finale Phase am Ende einer tödlichen Erkrankung bereits eingesetzt hat. Der natürliche Sterbeprozess zeigt sich für gewöhnlich auf drei Ebenen:

- beeinträchtigte Körperfunktionen
- veränderte Wahrnehmung
- verändertes Aussehen

Doch so wie die Geburt eines Menschen nicht immer gleich verläuft, so verlaufen auch die Sterbephasen in einem Sterbeprozess bei jedem Menschen unterschiedlich. Dennoch gibt es typische Veränderungen in der letzten Lebensphase, die man kennen sollte.

Der Körper gerät zunehmend aus dem Takt. Die Verdauung funktioniert nicht mehr einwandfrei. Hunger- und Durstgefühl lassen deutlich nach. Stoffwechsel und Körperfunktionen verlangsamen sich. Da der Körper die Nahrung kaum noch verwerten kann, empfindet der Schwerkranke nicht selten ein Ekelgefühl bei der Nahrungsaufnahme. Viele Betroffene leiden phasenweise unter Übelkeit und Erbrechen. Aufgrund des Flüssigkeitsmangels haben sie oftmals einen trockenen Mund oder eine trockene Zunge. Sterbende leiden in ihren letzten Lebenstagen häufig unter Verstopfung. Es kann aber auch passieren, dass sich der Darm kurz vor dem Tod noch einmal gänzlich entleert. Das allgemeine Interesse an der Umgebung nimmt immer weiter ab. Gangunsicherheit, Schwindel und starke Ermüdungs- und Erschöpfungserscheinungen treten auf. Der Körper wird immer schwächer, der Schwerkranke verlässt kaum noch das Bett. Die Stimmung erreicht allmählich ihren Tiefpunkt. Der Sterbende hört schließlich auf zu sprechen oder spricht nur mit großer Mühe. Man kann den Betroffenen so schlecht verstehen, da er – wenn überhaupt – sehr leise redet oder nicht mehr deutlich artikulieren kann. Sterbende werden zumeist von einer inneren Aufregung erfasst. Häufig setzt auch eine fortlaufende motorische Unruhe ein. Der Mensch wirkt insgesamt sehr nervös und aufgewühlt. Viele Schwerkranke leiden zunehmend unter Schmerzen, bei anderen lassen die Schmerzen in der finalen Phase deutlich nach. Als Folge des Nierenversagens kann sich der Urin dunkel verfärben, es kann auch sein, dass nur noch wenig oder gar kein Urin mehr gebildet wird. Zustände von Verwirrtheit und Desorientierung können auftreten. Es kann auch zu unkontrollierten Muskelzuckungen kommen. Aufgrund eines veränderten Stoffwechsels kann ein ungewohnter Körpergeruch entstehen. Der Puls wird schwächer und schneller. Die Körpertemperatur sinkt, was zur Folge haben kann, dass die Hände und die Füße auskühlen. Das Aussehen verändert sich. Das Gesicht läuft spitzer zu und kann bei Männern plötzlich weibliche Züge annehmen. Die Augen und Wangen sinken ein und die Augen bleiben weitgehend geschlossen. Der Mund hingegen kann weit geöffnet sein, da die Muskulatur erschlafft. Die Haut um Nase und Mund wirkt blass und kann sich gräulich verfärben („Dreieck des Todes"). Der Atem geht schnell, flach und unregelmäßig. Es kommt vermehrt zu Atemaussetzern. Eine rasselnde Atmung weist auf Schleim in den Atemwegen hin. Der Sterbende ist nicht mehr in der Lage, den Schleim abzuhusten oder hinunterschlucken. Das ist für den Betroffenen jedoch nicht so belastend, wie es scheint. Durch das langsame Organversagen kann es zu Vergiftungserscheinungen im ganzen Körper kommen, was wiederum dazu führen kann, dass der Sterbende ins Delirium (Bewusstseinstrübung) fällt. An der Körperunterseite, insbesondere an Händen und Füßen, können sich dunkle, blau-rötliche Flecken bilden. Die Atmung verlangsamt sich. Der Tod steht unmittelbar bevor.

5. Praktische Tipps in der häuslichen Pflege

Präsenz zeigen und liebevoll begleiten

Wichtig in der finalen Phase ist, den Angehörigen jetzt nicht alleinzulassen. Er soll spüren, dass man ihn in dieser schwierigen Situation unterstützt und ihm nicht von der Seite weicht. Solange der Angehörige noch voll ansprechbar ist, sollte man ihn danach fragen, ob man ihm noch kleine Wünsche erfüllen kann (z. B. Zeitung vorlesen, Lieblingsmusik spielen, letzte Besuche empfangen, Rückenmassage anbieten, Körper mit ätherischen Ölen einreiben, Beistand von einem Seelsorger oder ein letztes Telefonat mit einem Angehörigen führen). Wenn die Kräfte schwinden und der Angehörige immer schläfriger wird, tritt die nonverbale Kommunikation an die Stelle der verbalen Verständigung und nimmt immer mehr Raum ein. Sie kann sich in Form von sanften Berührungen und intensivem Blickkontakt zeigen und ist jetzt wichtiger als das gesprochene Wort. Es muss eine gute Balance zwischen beruhigender Nähe und notwendiger Distanz hergestellt werden. Man sollte dafür sorgen, dass der Angehörige es so angenehm und bequem wie möglich hat. Folgende Überlegungen sind dabei hilfreich: Ist ihm kalt? Bekommt er gut Luft? Liegt er bequem? Hat er Schmerzen? Braucht er Frischluftzufuhr? Ist es im Zimmer zu hell oder zu dunkel? All das kann der Sterbende nun vielleicht nicht mehr mitteilen, also muss man sich selbst ein Urteil darüber bilden, was er braucht oder ihm guttut. Da eine umfassende Sterbebegleitung auch sehr anstrengend und zeitintensiv sein kann, ist es sinnvoll, sich in der Pflege mit anderen Angehörigen, ehrenamtlichen Helfern oder professionellen Pflegekräften abzuwechseln, um sich nicht selbst zu überfordern. Denn dann ist man für den Angehörigen keine Unterstützung mehr, sondern eher eine zusätzliche Belastung!

Mundhygiene

Die Mundpflege ist in der letzten Lebensphase besonders wichtig, da die Mundschleimhaut und die Lippen sehr anfällig sind. Sie können ausgetrocknet, rissig, entzündet oder von Pilzen (Soor, Kandidiasis) befallen sein. Dieser ist an einem weißlichen Belag im Mundraum zu erkennen. Der Befall liegt an der Krankheit selbst, an den eingenommenen Medikamenten oder an einem geschwächten Immunsystem. Der Pilz muss unbedingt behandelt werden! Die spröden Lippen sollte man mit einem feuchten Waschlappen oder

Stäbchen betupfen. Der Mundraum kann mit einem kleinen Eiswürfel beträufelt werden. Auch Eiswürfel mit Geschmack (zum Beispiel Lieblingsgetränke in gefrorener Form) sind eine gute Möglichkeit der Flüssigkeitsaufnahme.

Hautpflege

Im Wesentlichen geht es dabei um das regelmäßige Waschen, Cremen, Einölen und Massieren. Wenn der Angehörige das Bett kaum noch verlassen kann, sollte gut überlegt werden, wie die Körperpflege am besten vorgenommen werden kann und was in dieser Situation überhaupt noch erforderlich ist. Man kann sich bei Pflegestützpunkten beraten lassen oder sich Pflegevideos im Internet anschauen. Einen Schwerkranken in der finalen Phase noch duschen zu wollen, wäre für ihn sicher eine unzumutbare Belastung. Letztlich sollten die grundlegenden Bedürfnisse des Angehörigen Berücksichtigung finden.

Lagerung/Mobilisation

Um Druckstellen und Wundliegen zu vermeiden, sollte für eine bequeme und entspannte Lagerung gesorgt werden. (Die Liegeposition mehrmals am Tag wechseln) Wunde Stellen (zum Beispiel am After) sollten regelmäßig mit einer entsprechenden Wundsalbe eingecremt werden. Wenn der Oberkörper etwas höher liegt, erleichtert das mögliche Atembeschwerden und kann unter Umständen auch eine aufkommende Übelkeit lindern.

Essen und Trinken

Am Ende des Lebens lassen das Hunger- und Durstgefühl stark nach. Man kann dem schwer kranken Angehörigen kleine Portionen seiner Lieblingsspeisen anbieten, sollte ihn aber niemals zum Essen zwingen. Getränke, gern auch gesüßt, sollten auf jeden Fall bereitstehen. Aber auch hier gilt, dem Sterbenden die Flüssigkeit nicht gewaltsam einzuflößen, wenn er es partout ablehnt. Stattdessen lieber eine gute Mundpflege betreiben (siehe oben). Palliativmediziner halten eine Nahrungs- und Flüssigkeitszufuhr in der Sterbephase für wenig sinnvoll. Besonders dann, wenn Herz- und Nierenfunktion bereits deutlich nachlassen, ist ein Überangebot an Flüssigkeit eine starke zusätzliche Belastung für den Körper, die dem betroffenen Patienten mitunter zusätzliches Leid beschert. Eine milde Form der Austrocknung hingegen kann sich positiv auf das Schmerzempfinden auswirken und Ängste abmildern.

Schmerztherapie und Beruhigungsmittel

Da viele Schwerkranke in ihrer letzten Lebensphase unter starken Schmerzen leiden, muss man eine ausreichende, 24-stündige Schmerztherapie sicherstellen. Da reichen handelsübliche Schmerzmittel in der Regel nicht mehr aus. Opioide zeigen eine deutlich bessere Wirkung. (Da Opioide Übelkeit erzeugen können, muss man auch diese im Blick haben und gegebenenfalls behandeln.) Hausärzte können die Medikamente zur Selbstmedikation verschreiben oder aber professionelle Pflegekräfte helfen bei der Verabreichung oder weisen die Angehörigen in die Bedienung einer Schmerzpumpe ein. Da viele Sterbende unter starker innerer Unruhe leiden, können angstlösende Mittel Abhilfe schaffen.

Unterstützung bei Auftreten einer veränderten Atmung

Setzt eine rasselnde Atmung („Todesrasseln") ein, die auch mit Atemaussetzern einhergehen kann, ist dies ein typisches Merkmal in der finalen Phase. Sie gilt jedoch nicht als ein Zeichen von Atemnot, sondern entsteht, weil Speichel oder Sekret nicht abgehustet oder hinuntergeschluckt werden kann. Für den Betroffenen soll dies weniger problematisch sein als für die Angehörigen, die zumeist die Befürchtung haben, dass der geliebte Mensch ersticken könnte. Würde der Sterbende tatsächlich unter Luftnot leiden, ließe sich dies an einer gesteigerten Unruhe festmachen. Die meisten Patienten, bei denen die rasselnde Atmung einsetzt, zeigen jedoch keinerlei Angstreaktion auf ihre veränderte Atmung, denn in dem Fall würden sie erkennbar nach Luft ringen. Dennoch können Maßnahmen ergriffen werden, durch die eventuelle Beschwerden bei der Atmung gelindert werden können. Man kann den Oberkörper des Sterbenden höher legen und nach Möglichkeit den Kopf seitlich lagern, damit der Speichel oder das Sekret nicht nach hinten läuft. Man sollte jegliche Flüssigkeitszufuhr einstellen und eine gute Mundpflege betreiben.

Ruhe in den letzten Lebensstunden

Auch wenn es wichtig ist, alle genannten Maßnahmen regelmäßig durchzuführen, sollte man in den letzten Lebensstunden unbedingt auf Hektik und aufwendige Pflegeprozeduren verzichten. Der Sterbende braucht jetzt Ruhe und solle möglichst wenig gestört werden. Nur die Mundpflege bleibt weiterhin wichtig und die notwendige palliativmedizinische Versorgung muss sichergestellt werden. Man kann sich auf einen Stuhl neben das Bett setzen und den Sterbenden in aller Stille begleiten. Wenn ein sehr inniges Verhältnis zum Sterbenden besteht und der Betroffene dies zulässt, kann man sich auch zu ihm legen, sofern es sich um ein Doppelbett handelt. Entspannte Berührungen (Handauflegen oder Hand halten) können in den letzten Lebensstunden eine wertvolle Unterstützung sein. Sollte der Angehörige seine Hand jedoch wegziehen oder sich abwenden, darf man das nicht gegen sich beziehen. Viele Sterbende können am Ende ihres Lebens keinen Körperkontakt mehr zulassen, weil sie sich vollständig in sich zurückziehen – das sollte man respektieren. Wenn einem während dieser Zeit, in der man langsam Abschied voneinander nimmt, ein paar Tränen über die Wangen laufen, ist das völlig natürlich. Aber heftiges Schluchzen oder sogar die Bitte an den Angehörigen, das Sterben aufzuschieben oder alles zu versuchen, um wieder gesund zu werden, sind an dieser Stelle völlig abwegig und daher tunlichst zu vermeiden. Ganz abgesehen von lautstarken Protesten und bitteren Vorwürfen! Wenn eine Pflegeperson plötzlich starke Emotionen überkommen, die sie nicht zügeln kann, sollte sie den Raum verlassen und dem sterbenden Angehörigen nicht zusätzlich mit der eigenen Betroffenheit und Hilflosigkeit belasten. Es fällt ihm ohnehin schwer genug zu gehen. Sollte hingegen der Sterbende anfangen zu weinen, kann man versuchen, ihn mit sanften, aber einfachen Worten zu beruhigen und zu trösten (z. B. „Ja, du bist traurig, ich weiß!" oder „Hab keine Angst, ich bin bei dir"). Sätze wie „Es wird alles wieder gut" oder „Du willst doch den nächsten Frühling noch erleben, also bleib stark" sind unrealistische Beschwichtigungen, die dem Sterbenden etwas vorgaukeln bzw. ihm etwas abverlangen, das völlig absurd und daher fehl am Platze ist. Der Sterbende weiß in der Regel ganz genau, wie es um ihn steht. Man sollte ihm nichts vormachen, sondern die Tatsache, dass er sterben wird und darüber traurig ist, nicht einfach wegwischen, sondern bestmöglich akzeptieren. Der Sterbende braucht jetzt die Gewissheit, dass er ohne ein schlechtes Gewissen gehen darf und für nichts und niemanden mehr Verantwortung übernehmen muss. Viele Angehörige sagen der sterbenden Person auch direkt, dass sie in Ruhe gehen darf und sie bereit sind, das Sterben zuzulassen. Auch ein letzter Dank, den man an den Angehörigen richtet oder eine kleine Liebeserklärung am Krankenbett können sehr tröstlich sein. Ob der Sterbende das noch bewusst wahrnimmt, lässt sich schwer beurteilen, aber vermutlich ist es tröstlich für die Person, die diese Worte ausspricht.

In den letzten Lebensminuten wird die Atmung immer flacher und langsamer. Plötzlich auftretende dunkle Flecke am Körper können auf den unmittelbar bevorstehenden Tod hinweisen. Schließlich kommt es zum Atem- und Kreislaufstillstand.

6. Der Tod ist eingetreten – was nun?

Falls der Angehörige zu Hause verstirbt, besteht der erste Schritt darin, den Hausarzt über den Todesfall zu informieren. Dieser nimmt dann die Leichenschau vor, bestätigt den Tod und stellt den Totenschein aus. Der Totenschein ist notwendig, um die Behörden über den Tod in Kenntnis zu setzen und weitere Schritte zu veranlassen. Als nächstes wird ein Bestattungsinstitut informiert, um den Leichnam abzuholen und in die Leichenhalle zu überführen. Des Weiteren werden alle notwendigen Maßnahmen, die nun erfolgen müssen, in einem persönlichen Gespräch mit dem Bestatter geklärt.

Folgende Unterlagen sollten dafür bereitliegen:

- Personalausweis des Verstorbenen
- Totenschein (falls vorliegend)
- Stammbuch/Geburtsurkunde
- Versicherungskarte/Versicherungspolicen (z. B. Lebensversicherung)

Falls vorhanden:

- Ehe-/Lebenspartnerschaftsurkunde
- Scheidungsurkunde
- Sterbeurkunde des Ehepartners
- Sterbegeldversicherung
- Testament (geht an das Nachlassgericht)
- Schriftlich festgelegte Bestattungswünsche

Folgendes regelt das Bestattungsinstitut oder muss eigenständig erledigt werden:

- Beantragung von Sterbeurkunden in mehrfacher Ausführung (Standesamt)
- Arbeitgeber/Versorgungsträger/Sozialamt/ Rentenversicherung über den Tod in Kenntnis setzen
- Versicherungen informieren (möglichst innerhalb der nächsten 48 Stunden)

- Abgabe des Personalausweises
- Bankinstitut benachrichtigen
- Bei Gärtnerei Grabschmuck für Trauerhalle bestellen (Blumen, Kränze und Trauerschleifen)
- Kündigung verschiedener Verträge/Mitgliedschaften bzw. Vertragsänderung für Hinterbliebene
- Gaststätte/Café für Totenmahl bzw. Beerdigungscafé reservieren
- Erbschein beim Nachlassgericht beantragen

Eine weitere wichtige und zeitintensive Aufgabe ist, Verwandten, Freunden und Nachbarn die Todesnachricht zu überbringen. Vielen Angehörigen ist es ein starkes Bedürfnis, diese Gespräche selbst zu führen. Aber es kann auch zu viel Kraft kosten, sich mit so vielen Menschen in Verbindung zu setzen und jedem erzählen zu müssen, dass der geliebte Mensch soeben verstorben ist. In diesem Fall muss man schauen, ob die Möglichkeit besteht, dass man den Betroffenen diese Aufgabe abnimmt bzw. ob man sie sich mit mehreren Familienmitgliedern oder guten Freunden teilt.

Mit dem Bestattungsinstitut muss Folgendes geregelt werden:

- Bestattungsart (Erd-, Feuer-, Natur- und Seebestattung/anonyme Bestattung)
- Friedhof und Grab auswählen
- (Grabnutzungsrechte erwerben bzw. verlängern)
- Termin für Bestattung mit dem Friedhofsträger/Grabstättenverwaltung festlegen
- Bei Feuerbestattungen: Genehmigung des Krematoriums einholen
- Pfarramt benachrichtigen, falls kirchlicher Beistand erwünscht ist
- Terminabsprache und Trauergespräch mit dem Pfarrer oder dem Trauerredner
- Aufsetzen einer Todesanzeige in der Tageszeitung und Text für die Trauerkarten

- Entscheidung treffen, ob eine Aufbahrung gewünscht wird
- Termin in den Räumlichkeiten des Bestattungsinstituts machen, um den Sarg auszusuchen
- Bestattungskleidung für den Verstorbenen heraussuchen und dem Bestatter aushändigen

7. Mit dem Verlust leben lernen

Mit dem Kirchgang und dem Abkündigen des Verstorbenen nach dessen Beerdigung ist die offizielle Trauerzeremonie abgeschlossen, aber die Trauer der Hinterbliebenen ist damit längst nicht begraben. Häufig beginnt die eigentliche Trauerarbeit erst richtig, wenn man allmählich zur Ruhe kommt und der „offizielle Teil" vorüber ist.

Das wirkliche Vermissen der Person, die verstorben ist, setzt im Grunde erst richtig ein, wenn wir begreifen, dass wir sie für IMMER verloren haben. Wenn uns allmählich klar wird, dass der geliebte Mensch tatsächlich nie mehr zurückkehrt. Es kann Tage, Wochen oder sogar Monate dauern, bis uns diese Tatsache richtig bewusst wird. Viele trauernde Angehörige berichten davon, dass sie sich den Verstorbenen in ihrer Fantasie selbst Wochen nach der Beerdigung noch immer im Krankenhaus oder in der Pflegeeinrichtung vorgestellt haben und nicht müde wurden, sich vorzumachen, dass sie einander bald wiedersehen. Der Tod wird schlichtweg verdrängt oder geleugnet, denn der Schmerz über den Verlust ist noch zu groß.

Die Psyche lässt zu Beginn oft nur so viel Schmerz und Objektivität zu, wie wir bereit sind zu ertragen! Wir machen uns am Anfang noch keine Vorstellung davon, was dieser lebenslange Verlust für uns bedeutet. Es braucht Zeit, um uns unseren Gefühlen zu stellen und den Schmerz in seinem ganzen Ausmaß zu begreifen.

Für die Menschen, die im gleichen Haushalt gewohnt haben wie der Verstorbene, verändert sich von einem Tag auf den anderen nahezu alles. Denn im Alltag fehlt der verstorbene Mensch unentwegt: Es sind die tägliche Gesellschaft, die emotionale und körperliche Nähe, die Ansprache, der Austausch, gemeinsame Rituale und Unternehmungen, die gegenseitige Unterstützung und das partnerschaftliche Einvernehmen. All das bricht plötzlich weg und kommt nie wieder. Alles, was sich in dem Haus oder in der Wohnung befindet, erinnert an den Verstorbenen. Die Erinnerung begegnet einem schier überall. Sie verfolgt einen regelrecht, man kann ihr unmöglich ausweichen. Mit dem Tod endet das Beisammensein ganz abrupt. Das, was mit der verstorbenen Person unmittelbar in Verbindung steht, reduziert sich auf Ereignisse in der Vergangenheit. Eine gemeinsame Gegenwart und Zukunft gibt es nicht mehr. Das Leben, das man sich miteinander aufgebaut hat, scheint in sich zusammengefallen zu sein wie ein Kartenhaus. Es gibt keinen endgültigeren Beweis für einen Beziehungsverlust als den Tod eines geliebten Menschen! Es ist unglaublich schmerzhaft, allein zurückzubleiben. Natürlich sind Hinterbliebene dankbar für die gemeinsame Zeit. Aber es tut entsetzlich weh, dass die direkte Verbindung zu dem geliebten Menschen nun ein für alle Mal abgerissen ist und man nichts dagegen tun kann.

Viele Trauernde fühlen sich in der ersten Zeit alleingelassen und einsam und sind tief erschüttert. Langeweile und Niedergeschlagenheit bestimmen den Alltag. Das Vermissen der Person, die man liebt, beschert den Menschen schlaflose Nächte und trübe Gedanken. Das ist zunächst eine ganz normale Trauerreaktion auf einen schweren Verlust! Die Sehnsucht nach der verstorbenen Person kann sich allerdings auch ins Unermessliche steigern. Mitunter verfallen verwitwete Menschen in schwere Depressionen, manche lassen ihre Wohnung verwahrlosen oder sterben den Partnern schnell nach, weil sie sich ein Leben ohne den geliebten Menschen an ihrer Seite überhaupt nicht mehr vorstellen können (und wollen). Besonders dann, wenn die Beziehung einen symbiotischen Charakter hatte bzw. von starker emotionaler Abhängigkeit geprägt war, kann dieser Umstand krankhafte Trauerreaktionen auslösen. Die Betroffenen geben sich in solchen Fällen komplett auf und gehen gewissermaßen mit der verstorbenen Person unter.

Damit Trauernde aus dieser Abwärtsspirale herauskommen – oder am besten gar nicht erst hineingeraten – ist es vonnöten, dass sie eine gute Balance finden zwischen der notwendigen Trauerarbeit und der Bereitschaft, sich an ein neues Lebenskonzept und an ein neues Selbstverständnis heranzuwagen. Auch in dieser Neuorientierung muss der Verstorbene seinen festen Platz erhalten. Aber die Trauer über den Verlust sollte möglichst nicht über einen langen Zeitraum das komplette Leben des Hinterbliebenen bestimmen und ihm keinesfalls das Gefühl vermitteln, ohne die geliebte Person sei alles wertlos.

Für alle Menschen, die einen schweren Verlust erlitten haben, ist es ganz wichtig, an einer klaren Tagesstruktur festzuhalten, geliebte Gewohnheiten beizubehalten und Außenkontakte zu pflegen. Man sollte darauf achten, regelmäßig Mahlzeiten zu sich zu nehmen, wiederkehrende Arbeitsabläufe aufrechtzuerhalten, Hobbys zu pflegen und Entspannungszeiten in den Tagesablauf einzubauen. Manche Angehörige treffen zusätzliche Maßnahmen gegen die drohende Einsamkeit. Sie entscheiden sich beispielsweise für die Anschaffung eines Haustieres, einen Umzug in eine Wohngemeinschaft oder eine neue Partnerschaft. Viele finden Trost und Hoffnung in ihrem Glauben. Jeder Mensch muss für sich herausfinden, was ihm bei der Trauer- und Lebensbewältigung hilft. Das Leben geht auf jeden Fall weiter – nur anders!

Die Trauer minderjähriger Kinder

Für Kinder und Jugendliche ist der Tod der Mutter oder des Vaters ein einschneidendes Erlebnis und bedarf einer besonderen Zuwendung und Hilfestellung. Natürlich spielt dabei das Alter des Kindes eine entscheidende Rolle. Daher wäre es ratsam, sich fachlich damit auseinanderzusetzen, wie Kinder in den unterschiedlichen Altersstufen trauern. Ab einem Alter von ca. zehn Jahren haben Kinder bereits eine ziemlich realistische Vorstellung vom Tod. Wichtig ist, offen und ehrlich mit ihnen zu sprechen, sich Zeit zu nehmen und all ihre Fragen geduldig und liebevoll zu beantworten. Man sollte ein Kind nicht aus falscher Rücksichtnahme von der Trauerzeremonie und den familiären Trauerprozessen ausschließen. Abschiednehmen ist für die Kinder genauso wichtig wie für die Erwachsen, um den Tod des Angehörigen zu begreifen. Sie verlieren eine starke Bezugsperson, die zum Todeszeitpunkt vermutlich selbst noch verhältnismäßig jung war. Ein Kind rechnet nicht damit, dass ein Elternteil stirbt. Es erwartet, dass die Mama und der Papa immer da sein werden und sie sicher durch ihre Kinder- und Jugendzeit begleiten. Doch plötzlich kommt alles anders. Das Kind muss ab sofort auf den emotionalen Beistand und die Förderung eines Elternteils verzichten und sich mit dessen Tod abfinden. Der frühe Verlust eines elterlichen Beistands bleibt ein lebenslanges Thema! Unter Umständen leidet ein Kind sogar stärker darunter als ein Erwachsener. Daher ist es so wichtig, dem Kind beizustehen und ihm Möglichkeiten zu eröffnen, die Trauer auszudrücken. Es sollte dazu ermutigt werden, dem Verstorbenen einen festen Platz in seinem Leben einzuräumen und Wege zu finden, sich weiterhin mit ihm verbunden zu fühlen. Trauerrituale im Lebensalltag, das gemeinsame Lesen von Büchern, die sich mit dem Tod eines Elternteils beschäftigen, die Teilnahme an Trauergruppen oder eine professionelle, individuelle Trauerbegleitung kann eine wirkungsvolle Unterstützung sein.

Die Trauer erwachsener Kinder

Es gibt Menschen, die auf den Tod älterer Menschen, selbst dann, wenn es sich um ihre eigenen Eltern handelt, ganz nüchtern reagieren. Sie vertreten die Ansicht, dass man von dem Tod eines Menschen im höheren Lebensalter nicht viel Aufhebens machen solle, denn schließlich müsse man ab einem bestimmten Alter mit dem Tod der Eltern rechnen. Wenn die Eltern ein langes, erfülltes Leben gehabt hätten, gäbe es keinen Grund zu trauern. Diese Einstellung scheint weit verbreitet wie mir scheint, besonders unter „hartgesottenen" Männern. Dass wir unsere Eltern alle eines Tages verlieren, ist in der Tat unausweichlich. Dieser Verlust trifft uns alle, sofern wir nicht – schicksalsbedingt – vor unseren Eltern sterben. Es ist ein ganz natürlicher Prozess, der unweigerlich zum Leben dazugehört. Aber ist es deshalb leichter? Begreift man spätestens nach der Beerdigung, was geschehen ist und macht damit seinen Frieden und geht zur Tagesordnung über, so als wäre nichts geschehen? Kann man den Tod eines alten und kranken Menschen grundsätzlich leichter annehmen, verkraften und akzeptieren? Meine Antwort darauf lautet: Ja und nein!

Für erwachsene Kinder ist der Verlust eines Elternteils für gewöhnlich nicht so existenziell bedrohlich wie für ein minderjähriges Kind, denn sie haben den Vorteil, dass sie längst auf eigenen Füßen stehen und daher in der Regel sehr viel unabhängiger sind. Sie haben in der Vergangenheit bereits jede Menge Zuwendung und Unterstützung erfahren und viel miteinander erlebt. Dennoch bleiben Eltern, die zeitlebens liebevoll mit ihren Kindern verbunden waren, auch über den Tod hinaus eine lebenslange Energiequelle für ihren Nachwuchs.

Wie sehr wir einen Menschen vermissen, hängt letztlich nicht von seinem Lebensalter ab, sondern von seiner Bedeutsamkeit und unserer emotionalen Bindung an ihn. Zweifellos ist es tröstlich, wenn wir uns sagen können, dass der

Verstorbene ein erfülltes Leben gehabt hat. Aber eins ist klar: Es ist immer zu früh und es ist immer tragisch, einen geliebten Menschen zu verlieren. Selbst wenn das Lebensende vorhersehbar war, kann uns die Todesnachricht schier überwältigen. Wir können uns nur punktuell darauf einstellen. Wie wir tatsächlich auf den Tod einer nahestehenden Person reagieren und wie stark uns der Verlust emotional trifft, das können wir allenfalls erahnen. Die Unwägbarkeit, die mit dem Tod und dem Trauern einhergeht, ist etwas, das wir kaum beeinflussen können. Wir müssen dennoch lernen damit umzugehen, auch wenn wir nicht auf alles eine Antwort finden.

Wie trauert ein Mensch?

Wie ein Mensch im Einzelnen trauert und wie lange es dauert, bis man den Tod eines nahen Angehörigen akzeptiert hat, ist ganz unterschiedlich. Vermissen wird man einen Menschen, den man aufrichtig geliebt hat, sicher ein Leben lang. Aber es ist wichtig, dass man die Phasen der Trauer durchlebt und all seine Ressourcen nutzt, um diese Lebenskrise gut zu überstehen und wieder positiv in die Zukunft blicken kann.

Die Trauer besteht im Wesentlichen aus fünf Phasen:

- Leugnen (Nicht wahrhaben wollen und Isolierung)
- Zorn (Schuldsuche)
- Verhandeln (Aufbruch/Überlebensstrategien)
- Depression (Niedergeschlagenheit/Selbstzweifel)
- Akzeptanz (Mit dem Verlust leben lernen und Gegenwart und Zukunft gestalten)

Diese Trauerphasen (nach Kübler-Ross) bieten einen groben Überblick und sind lediglich als Orientierung zu verstehen. Die Phasen treten keinesfalls immer chronologisch auf. Sie können in der Reihenfolge variieren oder gleichzeitig auftreten. Manche Phasen werden übersprungen oder kommen überhaupt nicht vor. Man kann nicht davon ausgehen, dass man alle Trauerphasen bis hin zur Akzeptanz durchläuft und dann sagen kann, dass der Trauerprozess abgeschlossen ist. Trauer ist keine Krankheit, die man besiegt und dann ist alles wieder im Lot, sondern sie ist etwas, das andauert und unser Leben beeinflusst – sehr wahrscheinlich sogar bis zu unserem Tod. Die Betroffenheit und der innere Leidensdruck wird sich jedoch mit der Zeit verändern. Der Schmerz lässt nach und pendelt sich auf ein erträgliches Maß ein. Die Gedanken drehen sich nicht mehr unentwegt um den Verlust. Man fokussiert sich wieder mehr auf die Gegenwart und richtet sich in seinem Leben neu ein.

Es gibt keine feste Zeitvorgabe für einen Trauerprozess. Es dauert so lange, wie es nun einmal dauert. Mitunter können Monate oder Jahre vergehen, bis man wieder festen Boden unter den Füßen gewinnt. Wichtig ist, dass man das Ziel im Auge behält, sein Leben so zu gestalten, dass man sich von der Trauer nicht beherrschen lässt und nach und nach wieder neuen Lebensmut fasst. Das wäre sicher auch im Sinne des Verstorbenen. Sich die Frage zu stellen, was er zu uns sagen würde, wenn er noch einmal das Wort an uns richten könnte, kann sehr hilfreich sein. Es wäre vielleicht so etwas wie:

„Danke für die schöne gemeinsame Zeit! Ich wünsche mir, dass es Dir gut geht. Bleib gesund und genieße Dein Leben! Erinnere Dich mit einem Lächeln an mich und nicht mit Tränen in den Augen und schwermütigen Gedanken. Wir wussten, dass die Zeit des Abschieds kommen wird. Denk daran, was wir alles miteinander erleben und teilen durften und sei dankbar für das, was wir hatten. Vergiss bitte nicht, dass ich Dich geliebt habe und denk daran, dass Dir meine Liebe, die über den Tod hinausgeht, Kraft schenkt. Mach all das, was Dir guttut und denke nicht darüber nach, ob ich damit einverstanden wäre, denn das ist jetzt nicht mehr relevant.

Du triffst alle Lebensentscheidungen ganz allein – ohne Wenn und Aber. Vertraue auf Deine Kraft und Dein Urteilsvermögen und sorge gut für Dich!

In Liebe, Dein/e ..."

Es ist nicht notwendig, viele Worte zu verlieren. In einigen wenigen Sätzen ist alles gesagt, was von Bedeutung ist. Man könnte die als wahrscheinlich geltende „Botschaft" eines Verstorbenen sogar in einem einzigen Wort, das aus zwei Teilen besteht, ausdrücken: „Lebe-wohl". Manchmal hinterlassen Schwerkranke ihren Angehörigen sogar tatsächlich einen Abschiedsbrief oder eine Videoaufnahme. Ich halte das für eine wunderbare Idee. Ein letzter Gruß in Form eines handgeschriebenen Briefes oder Filmmaterials kann nach dem erlittenen Verlust sehr tröstlich sein. Umgekehrt mag es auch sinnvoll sein, wenn wir einen Brief an den Verstorbenen richten und darüber „Kontakt" aufnehmen. Natürlich lässt sich keine direkte Verbindung zu dem Verstorbenen mehr herstellen, aber wir kommen in Kontakt mit den Gefühlen, die uns mit ihm verbinden. Und darum geht es.

In welcher Weise ein Mensch trauert, hängt ganz stark von seiner Persönlichkeit und seinen individuellen Bedürfnissen ab, aber natürlich auch von den Todesumständen und der Beziehung, die man zu dem Verstorbenen gehabt hat. Viele Menschen finden es tröstlich, wenn sie häufig zum Grab gehen. Sie fühlen sich ihrem Angehörigen dadurch näher und haben das dringende Bedürfnis, weiterhin für ihn zu „sorgen", indem sie sich hingebungsvoll um die Grabpflege kümmern. Andere haben keine oder wenig Beziehung zu der Grabstätte und zünden stattdessen lieber zu Hause eine Kerze in stillem Gedenken an den Angehörigen an. Es werden bestimmte Lieder gespielt, die ihnen Trost spenden, eine „Gedenkecke" eingerichtet oder Fotos und Videos angeschaut, auf denen der Angehörige zu sehen ist. Einige führen Tagebuch, lesen Bücher über Trauerbewältigung oder schließen sich Trauergruppen an. Andere wiederum versuchen den Tod zunächst zu verdrängen und stürzen sich in die Arbeit oder grübeln stundenlang. So unterschiedlich wie Menschen nun einmal sind, so unterschiedlich ist auch ihre Herangehensweise an die Trauer.

Einige Angehörige haben – so wie ich – von Anfang an das starke Bedürfnis, ganz viel über den Verstorbenen zu reden, sehnen sich nach Kontakt und machen sich schriftliche Aufzeichnungen. Andere wiederum brauchen ganz viel Zeit, um über den Tod und das, was sie innerlich bewegt, überhaupt sprechen zu können. Die einen sehnen sich also nach menschlicher Wärme und Zuwendung und die anderen kapseln sich ab und möchten niemanden sehen. Wichtig ist, dass das Verhalten der Trauernden nicht bewertet oder gar kritisiert wird. Jeder macht es so, wie er es für richtig hält und in seinem ganz eigenen Tempo. Die Wege der Bewältigung sind nun einmal vielschichtig.

Wenn allerdings der Eindruck entsteht, dass die Trauer selbst nach ein bis zwei Jahren in unveränderter Intensität andauert oder sich sogar in selbstschädigendem Verhalten äußert, sollte man unbedingt intervenieren und Wege zur Trauerbewältigung anregen. Dass man auch nach mehreren Jahren noch traurig ist und einem in bestimmten Situationen auch zum Weinen zumute ist, ist völlig normal. Aber wenn man in seiner Trauer steckenbleibt und die Trauer völlig unverhältnismäßig erscheint, sollte das Umfeld eingreifen.

Wie können Angehörige und Freunde, die einen schweren Verlust erlitten haben, von ihrer Umgebung unterstützt werden?

Bezüglich der Trauerbegleitung gibt es kein Patentrezept. Am besten fragt man direkt, ob und wie man den Angehörigen unterstützen kann. Besonders geeignet sind konkrete, praktische Vorschläge: einen Fahrdienst zum Friedhof anzubieten oder bei der Abwicklung der Beerdigungsformalitäten behilflich zu sein. Eventuell kann man einkaufen gehen oder beim Hausputz helfen. Vielleicht wäre es auch nett, einen Kuchen zu backen oder ein warmes Essen oder einen Blumenstrauß vorbeizubringen. Es geht in erster Linie darum, Kontakt aufzunehmen. Einfach präsent zu sein und dem Trauernden ein wenig Aufmerksamkeit zu schenken. Das ist mehr als genug! Zuzuhören oder einfach nur still zusammenzusitzen und gemeinsam an den Verstorbenen zu denken ist das, worauf es ankommt.

Falls man nicht die richtigen Worte findet bzw. sich unsicher und überfordert fühlt – darf man genau diesen Umstand offen mitteilen. Alles ist besser als den Verlust totzuschweigen. Es gibt allerdings auch eher introvertierte Menschen, die ganz viel mit sich allein ausmachen und Hilfe – besonders in der ersten Trauerphase – erst einmal rigoros ausschlagen. In dem Fall würde ich später darauf zurückkommen oder demjenigen den Vorschlag unterbreiten, dass er sich jederzeit melden kann, wenn er Unterstützung braucht. Trauernden Trost zu spenden in einer im Grunde so untröstlichen Situation ist mitunter schwierig. Wir können uns nur Stück für Stück vorantasten. Allein oder gemeinsam – so wie es von den Betroffenen gewünscht und benötigt wird.

Was mich betrifft, bin ich in emotionaler Hinsicht eher ein extrovertierter Mensch und suche und brauche daher den Austausch mit anderen. Aber auch ich kenne Phasen, in denen ich mich zurückziehe und für mich allein sein muss. Insofern kann ich auch introvertierte Menschen ganz gut verstehen.

Es würde mich sehr freuen, wenn ich mit meinem Buch pflegenden Angehörigen Mut machen und Hilfestellung leisten konnte. Ich habe miterlebt, wie es ist, wenn die Weichen gestellt sind und der Zug des Lebens mit letzter Kraftanstrengung in den Endbahnhof einfährt ... Ich weiß auch, wie es ist, wenn man von den Ereignissen ganz plötzlich überrollt wird. So wie an jenem Samstagmorgen, als mein Vater mir indirekt zu verstehen gab, dass er sich von mir erhofft, dass ich ihm beistehe. Ich würde das alles jederzeit wieder tun – allerdings mit viel mehr Hintergrundwissen, Sicherheit, Selbsterkenntnis, Offenheit, Gelassenheit und Selbstfürsorge!

Quellen und Empfehlungen zum Weiterlesen

Prof. Dr. med. Sven Gottschling, Leben bis zuletzt, Fischer Taschenbuch Verlag, Frankfurt am Main, 2016

Hans Christof Müller-Busch, Abschied braucht Zeit, Suhrkamp Verlag Berlin, 2012

Chris Paul, Ich lebe mit meiner Trauer, Gütersloher Verlagshaus, Gütersloh, 2017

Heinke Geiter, Vorsorge treffen, damit das Leben gelingt: Menschen in ihrer letzten Lebenszeit gut versorgen und begleiten, hospizverlag, 2017

Monika Keck, Noch einmal schwimmen, Sterbebegleitung meiner krebskranken Mutter, Ernst Reinhardt Verlag, München, Basel, 2017

Heinrich Pera, Da sein bis zuletzt, Herder Spektrum, Freiburg, Basel, Wien, 2004